大家小书

国学救亡讲演录

章太炎 著
蒙木 编

北京出版集团公司
北京出版社

图书在版编目（CIP）数据

国学救亡讲演录 / 章太炎著 ； 蒙木编. — 北京 ：
北京出版社，2018. 8
（大家小书）
ISBN 978 - 7 - 200 - 14045 - 3

Ⅰ. ①国… Ⅱ. ①章… ②蒙… Ⅲ. ①国学—研究
Ⅳ. ①Z126

中国版本图书馆 CIP 数据核字(2018)第 072011 号

总 策 划 安 东 高立志
责任编辑 高立志 邓雪梅

· 大家小书 ·
国学救亡讲演录
GUOXUE JIUWANG JIANGYANLU
章太炎 著 蒙 木 编
*
北京出版集团公司
北 京 出 版 社 出版
（北京北三环中路 6 号）
邮政编码：100120
网 址：www . bph . com . cn
北京出版集团公司总发行
新 华 书 店 经 销
北京华联印刷有限公司印刷
*
880 毫米×1230 毫米 32 开本 8. 125 印张 134 千字
2018 年 8 月第 1 版 2022年12月第2次印刷
ISBN 978 - 7 - 200 - 14045 - 3
定价：38. 00 元
如有印装质量问题，由本社负责调换
质量监督电话：010 - 58572393

总　　序

袁行霈

“大家小书”，是一个很俏皮的名称。此所谓“大家”，包括两方面的含义：一、书的作者是大家；二、书是写给大家看的，是大家的读物。所谓“小书”者，只是就其篇幅而言，篇幅显得小一些罢了。若论学术性则不但不轻，有些倒是相当重。其实，篇幅大小也是相对的，一部书十万字，在今天的印刷条件下，似乎算小书，若在老子、孔子的时代，又何尝就小呢？

编辑这套丛书，有一个用意就是节省读者的时间，让读者在较短的时间内获得较多的知识。在信息爆炸的时代，人们要学的东西太多了。补习，遂成为经常的需要。如果不善于补习，东抓一把，西抓一把，今天补这，明天补那，效果未必很好。如果把读书当成吃补药，还会失去读书时应有的那份从容和快乐。这套丛书每本的篇幅都小，读者即使细细地阅读慢慢地体味，也花不了多少时间，可以充分享受读书的乐趣。如果把它们当成补药来吃也行，剂量小，吃起来方便，消化起来也容易。

我们还有一个用意，就是想做一点文化积累的工作。把那些经过时间考验的、读者认同的著作，搜集到一起印刷出版，使之不至于泯没。有些书曾经畅销一时，但现在已经不容易得到；有些书当时或许没有引起很多人注意，但时间证明它们价值不菲。这两类书都需要挖掘出来，让它们重现光芒。科技类的图书偏重实用，一过时就不会有太多读者了，除了研究科技史的人还要用到之外。人文科学则不然，有许多书是常读常新的。然而，这套丛书也不都是旧书的重版，我们也想请一些著名的学者新写一些学术性和普及性兼备的小书，以满足读者日益增长的需求。

“大家小书”的开本不大，读者可以揣进衣兜里，随时随地掏出来读上几页。在路边等人的时候，在排队买戏票的时候，在车上、在公园里，都可以读。这样的读者多了，会为社会增添一些文化的色彩和学习的气氛，岂不是一件好事吗？

“大家小书”出版在即，出版社同志命我撰序说明原委。既然这套丛书标示书之小，序言当然也应以短小为宜。该说的都说了，就此搁笔吧。

用国粹激动种性，增进爱国的热肠

——晚年以国学救亡的章太炎

蒙　木

国学，常常指“一国固有之学问”，但国学这个词本身属于舶来品。

明治维新后，日本国力趋盛，很多人开始讨论大和民族的特性是什么？因此日本出现了西化派和国粹派的论争。黄遵宪（1848—1905）于1887年刊行的《日本国志》最早记录了这个论争，并开始使用“国学”这个词。中日甲午战争之后，马关之耻震醒了不少中国士人，他们开始向日本学习。国粹和国学这些词越来越多地走到中国维新人士的笔端。尤其是戊戌维新失败后流亡日本的那些士人亲身感受了这场论争。梁启超（1873—1929）在1902年致函黄遵宪，拟倡办《国学报》，而黄遵宪认为传统旧学“尊大”“固弊”，须先大开门户，容纳新学，“俟新学盛行，以中国固有之学，互相比较，互相竞争，而旧学之真精神乃愈出，真道理乃益明”。国学的提倡“略迟数年再议，未谓不可”。但他充分肯定梁启超所拟《国学报》纲目体大思精，不如先据此写一本《国学史》。“养成国民，当以保国粹为主义，取旧学磨洗而光大之。”在梁启超这里，国学是一个“新民”的过程。他1902到1904年连载的《论中国学术思想变迁之大势》中数次提到“国学”这个词。

1903年2月，黄节在梁启超主编的《新民丛报》第26号发表《游学生与国学》，希望“以公众之力，设置一国学图书馆”，“图书馆若成，则凡是有志于是者，可以开一国学研究会，以世界之新知识，合并于祖国之旧知识，十年之后，我国学之光焰，必有辉于大地者”。

1904年3月《政艺通报》第三年甲辰第三号上，邓实发表长文《国学保存论》，进一步提出“保存国学”的主张。同年7月《政艺通报》甲辰第十一号上，黄节又发表了《国学报叙》说：“癸卯岁暮同人创为国粹学社，拟月出《国学报》一编。”8月，邓实在简朝亮《国粹学》一文前面加按语，大声疾呼：“呜呼，国学不明，大义终塞，将有国破种亡之惨，学其乌可一日已乎？”

在上海，继出现了国学扶轮社和国学社等出版团体之后两三年，1905年初，邓实、黄节等人又发起成立革命学术团体“国学保存会”：“爱日以学，读书保国，匹夫之贱，有责焉矣。”筹办《国粹学报》为其机关刊物。同年2月《国粹学报》创刊，序说：“海通以来，泰西学术，输入中邦，震旦文明，不绝一线。无识陋儒，或扬西抑中，视旧籍如苴土。夫天下之理，穷则必通。士生今日，不能籍西学证明中学，而徒炫皙种之长，是犹有良田而不知辟，徒咎年凶；有甘泉而不知疏，徒虞水竭。……惟流俗昏迷，冥行索途，莫为之导，虽美弗彰。不揣固陋，拟刊发报章，用存国学……钩元提要，括垢磨光，以求学术会通之旨，使东土光明，广照大千，神州旧学，不远而复，是则下士区区保种爱国存学之志也。”《国粹学报·例略》表述得更为简明：“发明国学，保存国粹，不有门户之见,不涉党派之私。”《国粹学报》发刊初期，执笔人甚少，主要是邓实、黄节、刘师培。后来撰稿人逐渐增多，陈去病、章太炎、廖平、王国维、郑孝胥、黄侃、柳亚子、罗振玉、马叙伦等陆续加入。

没有西学，谈不上国学。国学是维新士人有鉴于西学强势东渐而提出来的，他们要检点中国固有的家底。最早宣扬国学的这拨人有很多都有较强的西学背景，他们提倡国学的初衷不是要研究国学如何博大精深，而是通过国学来刺激爱国心，增强我们海纳西学的文化自信。“有亡国，有亡天下。……易姓改号，谓之亡国。仁义充塞，而至于率兽食人，人将相食，谓之亡天下。……保天下，匹夫之贱与有责焉耳矣。”这个命题是当时国学人士有强烈共鸣的。国学在，天下就不会亡。这个思想延续到后来，章太炎1907年发表的《中华民族解》将“中国民族”定义为文化概念：“中华之名词，不仅非一地域之国名，亦且非一血统之种名，乃为一文化之族名。”

谈国学绕不开梁启超，也绕不开长他四岁的章太炎（1869—1936）。章太炎在《论教育的根本要从自国自心发出来》中说：“大凡讲学问施教育的，不可像卖古玩一样，一时许多客人来看，就贵到非常贵；一时没有客人来看，就贱到半文不值，自国的人，该讲自国的学问，施自国的教育，像水火柴米一个样儿，贵也是要用，贱也是要用，只问要用，不问外人贵贱的品评。后来水越治越清，火越治越明，柴越治越燥，米越治越熟，这样就是教育的成效了。”

1906年6月，苏报案“主犯”章太炎出狱，中国同盟会派员迎其赴日。他在东京留学生欢迎会上发表演说，述“平生的历史与近日办事的方法”，认为最紧要的是：“第一，是用宗教发起信心，增进国民的道德；第二，是用国粹激动种性，增进爱国的热肠。”“提倡国粹”，“不是要人尊信孔教，只是要人爱惜我们汉种的历史”，即其“语言文字”“典章制度”

与“人物事迹”。1906年9月5日，章太炎主笔的《民报》第七号刊载了《国学讲习会序》，说：同人拟创设国学讲习会，章炳麟先已允为宣讲者：一中国语言文字制作之原，一典章制度所以设施之旨趣，一古来人物事迹之可为法式者……其实这个讲习会第一次开讲一直迁延到1908年4月4日。国学讲习会在大成学校的大班课听者甚众。后来鲁迅等留学生闻名进来，发现脱课不少，想从头听讲，便托人央章先生另开一个小班。7月11日开始，章太炎在民报社寓所小班开讲，听讲人包括钱玄同、马裕藻、沈兼士、朱希祖、周豫才（鲁迅）、周启明（周作人）、许寿裳等。周作人说：“太炎对于阔人要发脾气，可是对青年学生却是很好，随便谈笑，同家人朋友一般。夏天盘膝坐在席上，光着膀子，只穿一件长背心，留着一点泥鳅胡须，笑嘻嘻的讲书，庄谐杂出，看去好像是一尊庙里哈喇菩萨。”

据刘文典回忆：“有一天下午，章先生正在拿佛学印证《庄子》，忽然听见巷子里卖号外。有一位同学买来一看，正是武昌起义的消息，大家喜欢得直跳起来。从那天起，先生学生天天聚会，但是不再谈《说文》《庄子》，只谈怎样革命了。”黄侃对这次东京讲学回忆说：“其授人国学也，以谓国不幸衰亡，学术不绝，民犹有所观感，庶几收硕果之效，有复阳之望。故勤勤恳恳，不惮其劳，弟子至数百人。”

这是章太炎第一次集中而系统地讲学，他第二次系统讲学是在他被袁世凯羁押北京期间，以“国学会”名义“讲学自娱”。“国学会”“专以开通智识，昌大国性为宗。”1913年12月9日首讲，地点在北京化石桥共和党本部，“到者约百人”。这次讲学持续了一个多月，听众中除钱玄同、吴承仕、马裕藻外，还有毛子水、顾颉刚、傅斯年等青年学生。据顾颉刚回忆，“讲学次序，星期一至三讲文学科的小学，星期四讲文科的文学，星期五讲史科，星期六讲玄科。”吴承仕时任司法部佥事，因倾羡章太炎的道德文章，常来请教佛学方面的问题，令太炎大喜。《菿汉微言》便由章太炎讲授，吴承仕笔录，于1916年初完成的。

1916年12月26日，蔡元培受命担任北京大学校长。蔡元培和章太炎是浙江同乡，从爱国学社便开始合作革命，后来同为光复会的发起人、同盟会的元老成员。蔡元培主政的北大，其文科骨干主要是章太炎的弟子们：钱玄同、沈兼士、马裕藻、朱希祖、沈士远、黄侃、马叙伦、刘文典、周豫才（鲁迅）、周启明（周作人）等，以至于陈源在和鲁迅的论战中说出“在北京教育界占最大实力的某籍某系”，后来沈尹默在《我和北大》一文中也承认了这个某籍某系（浙江籍北大国文系）的存在。

章太炎第三次讲学是1922年4月至6月，应江苏省教育会的邀请，在上海讲授“国学”。每周一次，每次两小时，一共讲了十讲。同年11月，曹聚仁的讲课记录以《国学概论》为书名由上海泰东书局排印出版。《国学概论》后来成为章著中最为知名与普及的一种，后世对于“国学”的想象，在很大程度上来源于此书框架。

第四次讲学是1934年冬至1936年6月以“章氏国学讲演会”“章氏国学讲习会”等名义进行的。1934年秋，章太炎由上海迁居苏州。最初，在居无定所的情况下举办了每周一次的星期讲演会，1935年9月，在购买了苏州锦帆路50号居所后，又于此开办了章氏国学讲习会。据统计，学员年龄最长的七十三岁，最年轻的不过十八岁，籍贯遍及十九省，住宿学会里的百余人。这次讲学的最后成果主要是《国学略说》的刊行。

其实，1929年已届花甲之年的章太炎基本上闭门杜客，对国事、学术俱缄默无言，自甘淡出政治和学术舞台了。是“九一八”事变日本的入侵，刺激了章太炎，他才再次走出书斋，为了挽救民族危亡而呼吁奔走，与熊希龄、马相伯组织中华民国国难救济会，呼吁国民党各派系停止内斗，共同抗击侵略。1932年“一·二八”事变后不久，他一来为了避难，二来想利用自己民国元勋的身份，以及与北方军阀们的私交，“代东南民众呼吁出兵”。2月29日，章太炎到达北平，请张学良出兵抗日，“大声疾呼，声震瓦屋”；又见段祺瑞、吴佩孚、冯玉祥等，要求共同御侮。这些人在抗日战争中晚节昭然，与章太炎的游说未必没有关系。

在北平停留约三个月，章太炎先后在燕京大学、北平师范大学、北京大学等作学术演讲。据钱玄同日记，1932年3月22日在民国学院讲《代议制改良之说》；3月24日，章太炎在燕京大学讲《论今日切要之学》；3月28日在中国学院讲《治国学之根本知识》；3月31日，在师范大学讲《清代学术之系统》；4月8日在北京大学讲《揭示学界救国之术》；4月12日，在平民大学讲《今学者之弊》；4月18、20、22日，在北京大学讲《广论语骈枝》。

关于章太炎北大讲学情形，钱穆《师友杂忆》载：“太炎上讲台，旧门人在各大学任教者五六人随侍，骈立台侧。一人在旁做翻译，一人在后写黑板。太炎语音微，又皆土音，不能操国语。引经据典，以及人名地名书名，遇疑处，不询之太炎，台上两人对语，或询台侧侍立者。有顷，始译始写。而听者肃然，不出杂声。此一场面亦所少见。翻译者似为钱玄同，写黑板者为刘半农(据钱玄同日记，写黑板是魏建功——笔者注)。……在当时北平新文化运动盛极风行之际，而此诸大师犹亦拘守旧礼貌。”张中行也有回忆，他说：“地点是北河沿北京大学第三院风雨操场，就是五四时期囚禁学生的那个地方。我去听，因为是讲世事，谈己见。可以容几百人的会场，坐满了，不能捷足先登的，只好站在窗外。老人满头白发，穿绸长衫，由弟子马幼渔、钱玄同、吴检斋等五六个人围绕着登上讲台。太炎先生个子不高，双目有神，向下望一望就讲起来。满口浙江余杭的家乡话。估计大多数人听不懂，由刘半农任翻译；常引经据典，由钱玄同用粉笔写在背后的黑板上。说话不改老脾气，诙谐而兼怒骂。现在只记得最后一句是：'也应该注意防范，不要赶走了秦桧，迎来石敬瑭啊！'其时是'九一八'以后不久，大局步步退让的时候。话虽然以诙谐出之，意思却是沉痛的，所以听者都带着愤慨的心情送老人走出去。"

1936年6月14日，章太炎病逝于苏州锦帆路寓所，留下遗言："设有异族入主中夏，世世子孙毋食其官禄。"他生前将墓地选在西湖边张苍水墓侧。国民政府褒令国葬，但因抗战烽火，国葬未能实行，家人将他暂葬苏州章家后花园。1955年4月，按照其生前遗愿，章太炎的灵柩得以迁葬于杭州西湖边，南屏山麓，荔枝峰下，紧邻张苍水墓，墓碑上篆隶结合的"章太炎之墓"几个字是章生前自己写就。1966年底，章太炎被掘墓暴尸，墓地辟为菜园，又十五年后才寻回遗骨，恢复陵墓于旧址。章太炎墓之外，1988年又添了章太炎纪念馆。

章太炎讲国学从文字训诂、古籍辨伪等小学讲起，进而经学，进而玄学（哲学—思想史）。因为言之无文行而不远，章太炎一直特重文学。1910年章太炎精心编定的《国故论衡》“上卷小学十篇，中卷文学七篇，下卷诸子学九篇”，不及史学；到《国学概论》，分为经学、哲学、文学三部，史学是附于经、文之后来讲的。

卞孝萱认为章太炎特重史学，是从1924年开始的。是年7月，他在金陵教育改进社讲《劝治史学并论史学利弊》，提出：“保存国性，发扬志趣”是教育的根本，“至于能发扬志趣，保存国性之教育，其要点则重在读史”，“无史之国，每易沦亡”，“盖时代愈近者，与今世国民性愈接近，则其激发吾人志趣，亦愈易也”。日本侵华后，1932年3月24日，章太炎在燕京大学讲《论今日切要之学》，认为在亡国灭种关头，历史学可以唤起青年的爱国之心，研究历史最为切要。1933年在无锡国专演讲《历史之重要》：“经术乃是为人之基本，若论运用之法，历史更为重要，处斯乱世，尤当斟酌古今，权衡轻重。”这这篇演讲中，他特别强调：“昔人读史，注意一代之兴亡。今人情势有异，目光亦须变换，当注意全国之兴亡，此读史之要义也。”

1934年，章太炎在《与邓之诚论史书》中又说：“鄙人提倡读史之志，本为忧患而作。”1935年六七月，他连续演讲《论读史之利益》《略论读史之法》强调读史“当论大体”。是年6月6日，章太炎曾作《答张季鸾问政书》：“一、中国今后应永远保存之国粹，即是史书，以民族主义所托在是。二、为救亡计，应政府与人民各自任之，而皆以提倡民族主义之精神为要。三、中国文化本无宜舍弃者，但用之则有缓急耳。今日宜格外阐扬者，曰以儒兼侠。故鄙人近日独提倡《儒行》一篇。宜暂时搁置者，曰纯粹超人超国之学说。”章太炎强调用历史“鼓舞民气，启导方来”，“读史之效，在发扬祖德，巩固国本”，他在《历史之重要》中说：“夫人不读经书，则不知自处之道；不读史书，则无从爱其国家。”

讲经，从来都是章太炎治国学的重点，他在《论读经有利而无弊》中说：“读经之利有二：一、修己；二、治人。治人之道，虽有取舍，而保持国性实为重要。”

“修己治人”是章太炎晚年一再强调的。在他看来，提倡“修己”之学，实为乱世里的救急之术，而非借此修身成德，优入圣域。在《国学之统宗》中，他揭橥《孝经》《大学》《儒行》《丧服》四部经典。“爱国者，爱一国之人民耳。爱国之念，由必爱父母兄弟而起。”所以《孝经》一书，实不可轻。“《大学》者，平天下之原则也。从仁义起，至平天下止，一切学问，皆包括其中。治国学者，应知其总汇在此。”“《孝经》《大学》，人治根本已立，然无勇气，尚不能为完人，此余之所以必标举《儒行》也。”“欲求国事之强，民气之尊，非提倡《儒行》不可也。”“《儒行》不独尚气节，亦尚勇力。”1925年10月8日在长沙明德中学的演讲：“青年为人，当以志向气节为先，学问为辅。”后来章太炎一再揭榜顾亭林“行己有耻，博学于文”，1932年5月30日在青岛大学专门做这个主题演讲：“救世之道，首须尚全节”，“人能知耻，方能立国，遇难而不思抵抗，即为无耻，因知耻近乎勇，既不知耻，即无勇可言。”“国家昏乱，礼教几于坠地，然一二新学小生之言，固未能尽变民俗，如丧服一事，自礼俗以至今，兹二三千年未有能废者也。”（《丧服概论》）章太炎独倡《丧服》，“欲保存中国之礼法”。所以“讲国学当以《孝经》《大学》《儒行》《丧服》四书为统宗。”

这本《国学救亡讲演录》主要依据章念驰编《章太炎全集》（演讲卷）和马勇编《章太炎讲演集》，编选自“九一八”之后，至其《国学略说》之间的历次演讲。讲《说文》，讲《尚书》，以及《丧服概论》六七篇过于专业，今天普通读者阅读繁难，因此未收，其余讲演基本齐备，大致分隶为国学综论、经学、史学和儒学四部分。

章太炎《论经史儒之分合》认为，“经之所该，举凡修己治人，无所不具”，“大抵提出宗旨曰经，解说之者为说”；“吾人读经主旨，在求修己之道，严夷夏之辨”。“史与儒家，皆经之流裔”。“史即经之别子，无历史即不见民族意识所在”；“经典治人之道，非儒家固不能运用。”

史上大儒，章太炎标举最不遗余力的，一为顾亭林，一为范仲淹，“名节厉俗”，“经义”与“治事”兼擅。因为国学不尚空谈，而在实行。

今日国学复热，但国学概念过于宽泛，我们谈国学不能无根。笔者认为国学不能等同于蒙学，不可单单提倡什么《弟子规》《千字文》之类，我们必须接着章太炎、梁启超的文脉，继续讲，必须面对鲁迅、陈独秀、胡适诸人的批评，以免妖气升腾遮蔽了国学中康健和昂扬的一面。章太炎的《国故论衡》《国学概论》《国学略说》当然非常重要，但要完整地理解章太炎，读读这本《国学救亡讲演录》是必要的，它不是单刀直入讲国学是什么，而是结合时事，呈现了章太炎国学发展的脉络，看看他在方法论上的提倡和反对，对于我们所谓国学或者说中国传统文化的复兴必将大有裨益。

2017.05.18

目 录

国学之统宗

无锡乡贤，首推顾、高二公。二公于化民成俗，不无功效，然于政事则疏阔。广宁之失，东林之掣肘，不能辞其咎。叶向高、王化贞、邹元标、魏大中等主杀熊廷弼，坐是长城自坏，国势日蹙，岂非东林诸贤，化民成俗有余，而论道经邦不足乎？今欲改良社会，不宜单讲理学。坐而言，要在起而能行。周、孔之道，不外修己治人，其要归于六经。六经散漫，必以约持之道，为之统宗。余友桐城马通伯，主张读三部书，一《孝经》，二《大学》，三《中庸》。身于三书均有注解。余寓书正之，谓三书有不够，有不必。《孝经》《大学》固当，《中庸》则不必取。盖《中庸》者，天学也。自天命之谓性起，至上天之载无声无臭止，无一语不言天学。以佛法譬之，佛法五乘，佛法以内者，有大乘、小乘、声闻独觉乘，佛法以外者，有天乘、人乘。天乘者，婆罗门之言也。人乘者，儒家之言也。今言修己治人，只须阐明人乘，不必涉及天乘，故余以为《中庸》不必讲也。不够者，社会腐败，至今而极。救之之道，首须崇尚气节。五代之末，气节扫地，范文正出，竭力提倡，世人始知冯道之可耻。其后理学家反以气节为不足道，以文章为病根，此后学之过也。专讲气节之书，于《礼记》则有《儒行》。《儒行》所述十五儒，皆以气节为尚。宋初，尚知尊崇《儒行》，赐新进士以皇帝手书之《儒行》。南宋即不然。高宗信高闶之言，以为非孔子之语，于是改赐《中庸》。大概提倡理学之士，谨饬有余，开展不足。两宋士气之升降，即可为是语之证。今欲卓然自立，余以为非提倡《儒行》不可。《孝经》《大学》《儒行》之外，在今日未亡将亡，而吾辈亟须保存者，厥惟《仪礼》中之《丧服》。此事于人情厚薄，至有关系。中华之异于他族，亦即在此。余以为今日而讲国学，《孝经》《大学》《儒行》《丧服》，实万流之汇归也。不但坐而言，要在起而行矣。先讲《孝经》。

学者谓《孝经》为门内之言，与门外无关。今取《论语》较之，有子之言曰："其为人也孝弟，而好犯上者鲜矣。不好犯上，而好作乱者未之有也。"与《孝经》先王有至德要道，民用和睦，上下无怨，意义相同。所谓犯上作乱，所谓民用和睦，上下无怨，均门外之事也，乌得谓之门内之言乎？宋儒不信《孝经》，谓其非孔子之书。《孝经》当然非孔子之书，乃出于曾子门徒之手，然不可以其不出孔子之手而薄之。宋儒于《论语》“孝弟也者其为仁之本与”一章，多致反驳，以为人之本只有仁，不有孝弟。其实仁之界说有广狭之别，克己复礼狭义也，仁者爱人广义也。如云孝弟也者其为爱人之道之本与，则何不通之有？后汉延笃著《仁孝先后论》，谓孝在事亲，仁施品物。孟子谓亲亲而仁民，由此可知孝弟固为仁之本矣。且此语古已有之，非发自有子也。《管子·戒》第二十六“孝弟者仁之祖也”。祖与本同，有子乃述管子之语耳。宋人因不愿讲《论语》此章，故遂轻《孝经》，不知汉人以《孝经》为六经总论，其重之且如此。以余观之，《尧典》“克明俊德，以亲九族；九族既睦，平章百姓；百姓昭明，协和万邦，黎民于变时雍”，即《孝经》“先王有至德要道，以顺大下，民用和睦上下无怨”之意。孔子之说，实承《尧典》而来。宋人疑之，可谓不知本矣。且也，儒、墨之分，亦可由《孝经》见之，墨子长处尽多，儒家之所以反对者，即在兼爱一端。今之新学小生，人人以爱国为口头禅，此非墨子之说而似墨子。试问如何爱国？爱国者，爱一国之人民耳。爱国之念，由必爱父母兄弟而起。父母兄弟不能爱，何能爱一国之人民哉？由此可知孝弟为仁之本，语非虚作。《孝经》一书，实不可轻。《孝经》文字平易，一看便了，而其要在于实行，平时身体发肤不敢毁伤，至于战阵则不可无勇，临难则不可苟免。此虽有似矛盾，其实吾道一贯，不可非议。于此而致非议，无怪日讲《墨子》兼爱之义，一旦见敌，反不肯拚命矣。昔孟子讲爱亲敬长，为人之良能。其后阳明再传弟子罗近溪谓良知良能，只有爱亲敬长，谓孔门弟子求学，求来求去，才知孝弟为仁之本。此语也，有明理学中之一线光明，吾侪不可等闲视之者也。诸君试思，《孝经》之有关立身如此，宋人乃视为一钱不值，岂为平情之言乎？《孝经》讲孝，分列为五。其所云天子之孝，爱亲者不敢恶于人，敬亲者不敢慢于人，与墨子之道为近。民国人人平等，五种阶级，不必全依经文，但师其意而活用之，由近及远，逐项推广可矣。次讲《大学》。

《大学》为宋人所误解者不少。不仅误解，且颠倒其本文。王阳明出，始复古本之旧。其精思卓识，实出宋人之上。今按《大学》之言，实无所不包。若一误解，适足为杀人之本。宋人将“在亲民”改作“在新民”，以穷知事物之理解释格物。彼辈以为《康诰》有“作新民”之语，下文又有“苟日新”、“天命维新”诸语，故在亲民之亲，非改作新不可。不知《汤盘》之“新”，乃洁清身体发肤之谓。其命维新者，新其天命也，皆与亲民无关，不可据之以改经文。夫《书经》人所共读，《孟子》亦人所共读，孟子明言三代之学皆所以明人伦也。人伦明于上，小民亲于下。《尚书》尧命契作司徒，敬敷五教，其结果则百姓相亲。《大学》亲民之说，前与《尚书》相应，后与《孟子》相应。不知宋人何以改字也？格物之说，有七十二家之歧异，实则无一得当。试问物理学之说，与诚意正心何关？故阳明辟之，不可谓之不是。然阳明所云致良知以正物，语虽可喜，然加一良字，且语句与原意颠倒。应说致知而后物格，不应说物格而后致知也。阳明之前，郑康成训格为来，谓所知于善深，则来善物；所知于恶深，则来恶物，颇合《论语》“我欲仁斯仁至矣”之义，亦与阳明知行合一之说相符，但文义亦与原文不合，虽能言之成理，胜于晦庵，但均颠倒原文，不足以服人之心。其余汉、宋大儒讲格物者，不计其数，而皆讲之不通。明人乃有不读书之灶丁王心斋，以为格物即物有本末，致知即知所先后。千载疑窦，一朝冰释，真天下快事。盖《大学》所讲，为格物、诚意、正心、修身、齐家、治国、平天下，诚意为正心、修身之本，此为知本，此为知之至也。上所云云，尤为根本之根本。心斋不曾读书，不知格字之义。《苍颉篇》：“格，量度也。”能量度即能格物，谓致知在于量度物之本末。此义最通，无怪人之尊之信之，称为“淮南格物论”也。刘蕺山谓王阳明远不如心斋，此语诚非无故。其后假道学先生李光地，亦知采取心斋。可见是非之心，人心有同然矣。阳明生时骂朱文公为洪水猛兽，阳明读书不多，未曾遍观宋人之说，故独骂朱子。实则伊川、象山均如此讲。朱子治学，亦未身能穷知事物之理，无可奈何，敷衍了事，而作此说。今之新学小生，误信朱子之言，乃谓道德而不能根据科学者，不是道德，夫所谓道德，将以反抗自然也。若随顺自然，则杀人放火，亦何不可以科学为之根据者？信斯言也，真洪水猛兽之比矣。朱子有知，不将自悔其言之孟浪乎？殷、周革命之际，周人称忠殷抗周之民曰殷顽，思有以化之，故《康诰》有作新民之言。所谓新民者，使殷民思想变换，移其忠于殷者，以忠于周室耳。新民云云，不啻顺民之谓已，此乃偶然之事，非天下之常经，不可据为典要。夫社会之变迁以渐，新学小生，不知斯义，舍其旧而新是谋，以为废旧从新，便合作新民之旨，不知其非《大学》之意也。要之，《大学》之义，当以古本为准。格物之解，当以心斋为是，不当盲从朱子。《孝经》乃一贯之道，《大学》亦一贯之道。历来政治不良，悉坐《大学》末章之病。所谓好人之所恶、恶人之所好，一也；人之彦圣，妒疾以恶之，二也；长国家而务财用，三也。三者亡国之原则，从古到今二三千年，无有不相应者。反之，即可以平天下。是故《大学》者，平天下之原则也。从仁义起，至平天下止，一切学问，皆包括其中。治国学者，应知其总汇在此。

讲明《孝经》《大学》，人之根本已立，然无勇气，尚不能为完人，此余之所以必标举《儒行》也。《儒行》十五儒，未必皆合圣人之道。然大旨不背于《论语》。《论语》子贡问："何如斯可谓之士矣？"子曰："行己有耻，使于四方，不辱君命，可为士矣。"子路问成人，子曰："见利思义，见危授命，久要不忘平生之言，亦可以为成人矣。"士与成人，皆是有人格之意。反之，不能为人，即等于禽兽。《论语》所言，正与《儒行》相符。《儒行》见死不更其守，即《论语》"见危授命"之意，久不相见，闻流言不信，即《论语》"久要不忘平生之言"之意，可见道理不过如此。《论语》《儒行》，初无二致，宋人以"有过可微辨而不可面数也"一语，立意倔强，与子路"人告之以有过即喜"殊异，即加反对，不知骂《儒行》者，自身即坐此病。朱、陆为无极、太极之枝节问题，意见相反，书函往复，互相讥弹，几于绝交，不关过失，已使气如此，何况举其过失乎？有朱、陆之人格，尚犹如此，何况不如朱、陆者乎？不但此也，孟子之为人，亦恐其有过可微辨而不可面数者。何以言之？淳于髡言是故无贤者也，有则髡必识之，以讥孟子。孟子引孔子之事，谓君子之所为，众人固不识也，其悻悻然之辞气，见于文字间，可知其非胸无芥蒂者。余以为自孔、颜外，其余贤者恐皆如此。然而两汉人之气节，即是《儒行》之例证。苏武使于匈奴，十九年乃返，时人重之，故宣帝为之图像。至宋，范文正讲气节，倡理学。其后理学先生却不甚重视气节，洪迈之父皓，使于金，十五年乃返，其事与苏武相类，而时人顾不重之。宋亡，而比迹冯道者，不知凡几，此皆轻视气节之故。如今倭人果灭中国，国人尽如东汉儒者，则可决其必不服从。如为南宋诸贤，吾知其服从者必有一半。是故欲求国势之强，民气之尊，非提倡《儒行》不可也。《儒行》之是否出于孔子，不必论，但论吾侪行已应否如此可矣。其为六国时人作欤？抑西汉时人作欤？都可不问。若言之成理即非孔子之语，或儒者托为孔子之语，均无碍也。况以事实论之，哀公孱弱，孔子对证发药，故教之以强毅，决非他人伪造者也。

《丧服》经不过《仪礼》十七篇之一。《仪礼》十七篇，诸侯大夫礼不必论，冠礼不行于今，婚礼六礼，徒有其名而已，士相见礼、乡饮酒礼、特牲馈食礼，亦不行于今，惟士丧礼与丧服有关。然讲丧服，不必讲士丧礼也。丧服至今仍行，通都大邑，虽只用黑纱缠臂，然内地服制尚存其意。形于文字者，尚有讣闻遵礼成服之语。虽是告朔之饩羊，犹有礼意存焉。周代有诸侯、世卿之分，故丧服有尊降、压降之名。政治改变，诸侯、世卿之名已去，汉代虽提倡丧服，即不讲尊降压降，此亦礼文损益之义也。汉儒于《仪礼》尽注十七篇者，惟郑康成一人。其余马融、王肃，只注一篇。三国、晋、宋间人，注《丧服》者十余家，蜀蒋琬亦曾注《丧服》，可见《丧服》之重要。诸君翻阅杜佑《通典》，即可知《丧服》、丧礼之大概。顾亭林言六朝人尚有优点，诚然，六朝人不讲节义，却甚重《丧服》。古人在丧服中，不能入内，不能见女人。陈寿遭父丧，有疾，使婢丸药，乡党以为贬议，坐是沉滞者累年，此事明载《晋书》。又晋惠帝之子愍怀太子遹，被贾后毒死。事白，惠帝为之下诏追复丧礼，反葬京畿，服长子斩衰三年。以《丧服》中本有父为长了斩衰二年之文故也。晋惠无道尚如此，可见晋人之重视《丧服》矣。晋以后，唐人亦重《丧服》。宋代理学先生，亦知维持《丧服》。明人则恐不甚看《丧服》经，然皇帝皆以孝字为号，尚知遵行《丧服》，胜于清人。《丧服》代有变迁，尊降压降，不适宜于郡县时代。自汉至隋，全遵《仪礼》。唐人稍加修改，尚称近理，如父在为母齐衰期，父没为母齐衰三年，唐人均改为三年。其余修改者尚有四五条，皆几微而不甚要紧，唯经文妇为舅姑斩衰不杖期，宋人改妇为舅姑与子为父母同，盖因唐末人不明礼意，有妇为舅姑如子为父母之事实。五代时，刘岳作《书仪》，即改妇为舅姑等于子为父母。至宋初，魏仁浦乃谓夫处苫块之中，妇服纨绮之服，是为不当，乃迳改礼文，不知苫块在未葬之前，既葬即不在苫块。《丧服》有变除之义，期年入外寝，再期大祥，然后除服。妇已除服，虽不可著有花之纨绮，尚可著无花之青缣（如今之蓝纺绸）。仁浦不知此意，故疑其不当。当时在官者，大抵不学无术，又翕然从之，改妇为舅姑，等于子为父母，此宋人之陋也。至明代只有斩衰三年。古礼，妇人不二斩，男子亦然。为人后者，为本生父母降，为父母斩衰，为长子亦斩衰。明太祖改之。明人不知古斩衰三年与齐衰三年惟在无缝有缝之别，本不甚相远也。（古人持服，有正服、降服、义服之别。降服者承继，出嫁之子女，为本生父母也。义服者，恩轻而不得不重服。如臣之为君是也。）降至清代，遂为一切误谬之总归宿。今若除去尊降压降一条，其余悉遵《开元礼》，则所谓遵礼成服者，庶不致如告朔之饩羊矣。

上来所讲，一《孝经》，二《大学》，三《儒行》，四《丧服》。其原文合之不过一万字，以之讲诵，以之躬行，修己治人之道，大抵在是矣。

据《制言》第54期

★此为章太炎1933年3月14日在无锡国学专门学校的演讲，由诸祖耿记录。

清代学术之系统

清代学术，方面甚广，然大概由天才而得者少，由学力而成者多。关于天才方面的，如诗、词、古文等均属之。清代的诗本不甚好，词亦平常，古文亦不能越唐宋八大家之范围，均难独树一帜。至于学力方面的学术，乃清代所特长，亦特多。如小学、经学、史学、算学、地理学等，均甚有成绩。此等学术，全赖学力，不赖天才。此外如理学，是半赖学力、半赖天才的，清代于此学亦不甚高明。所以现在只讲清代关于学力方面的学术，不讲天才方面的学术，就是半学力半天才的理学也不去讲它。单说学力方面的学术，有小学、经学、史学、算学、地理学等等。

清代地理，自成一派之学，开端者为刘献廷与顾祖禹。顾祖禹的《读史方舆纪要》，后来讲地理者均推崇之。然顾氏实一闭户读书之人，各处地方均未实历，全靠刘献廷的帮助，因为旅行各处以实地考察者实为刘献廷，故《读史方舆纪要》一书，乃是以刘献廷的经验与顾祖禹的文章凑合而成的。刘献廷在中国地理学上有一大发明，即中国旧日地图无经纬度数，刘氏始以北极高度为标准而画度数，此后地图用此，皆刘氏提倡之功。讲山水者有齐召南，曾作《水道提纲》。齐氏之后，有汪士铎，曾为胡林翼作地图，中国新近所出地图，均以汪士铎地图为祖。此两家虽可称发明，然他们均曾见内府地图，实有所本，并非独得之功力。清代讲地理之学较好者当推此四家。其他考《水经注》者，考地理志者，多琐碎繁杂，不必论。

清代算学，以梅文鼎为首。清初算学家有一通弊，多偏于天文方面，故只能认为天文学家，尚不能认为算学家。又多讲迷信，如江永之流尚不能免此病。虽梅文鼎亦迷信测天步历，盖当时风气如此。自梅氏后，几何学渐渐通行，此本西法，不过将中国旧日算法加以推明，此梅氏所以仍为第一也。康乾之间，尚有数家，如戴震作《勾股割圜记》，亦未能脱迷信。真有发明者，当推李锐之四元说。李氏仅讲测天，不讲步历，所以高人一等。其余如罗士琳、项名达等，亦各有著述。李善兰始治代数，华蘅芳始治微积，然代数、微积本非中法，不足称发明。故学者虽多，而可数者殊少。

清代史学极盛，著述亦极多。史学可别为二：一为作史，一为考史。清代史家，考史者多，作史者少，兹分别言之：

清代作史者，首为万斯同的《明史稿》。万氏此书，乃私人著作。万曾客于明史馆总裁徐元文家，与《明史》极有关系。此书只有列传，无纪、志、表，列传亦多为王鸿绪所作。王氏操守较差，人多讥之，然此书之成，王氏与有功焉，后人不应以其个人操守之差而诋排之，须知前代史家如范晔之流，其个人品行又何尝高出王鸿绪？然世皆称道其书，不以人废言，那么，又何必苛责王鸿绪呢？清代史学著作，完书甚少，《明史稿》自可首屈一指。次则为毕沅之《续通鉴》。万氏《明史稿》之价值过于宋、辽、金、元诸史，而毕氏《续通鉴》则远不及《通鉴》。司马温公书有论附于篇后，毕书则无之，即考异亦不详。此书本无大价值，因作史者少，故列入之。宋王偁曾作《东都事略》一书，清邵晋涵乃作《南都事略》以补南渡一代之史，惟今日未见其书，但知有目而已。尚有温睿临者，撰《南疆逸史》，为正史体裁，虽不完具，亦勉强可算一个。后咸丰间徐鼒作《小腆纪年》及《小腆纪传》二书，《纪年》为编年体，《纪传》为纪传体；徐氏不过是一个八股先生，于史学实无功夫，然此二书则尚算完备。近人柯劭忞作《新元史》，亦可算一个作家。如此一算，清代作史者居然尚有七人。

考史者清代特多，最早为万斯同的《历代史表》。后来补表、补地理志者如钱大昕、洪亮吉等，于史学均能得大体。其余零考琐录者尚多，以钱大昕的《廿二史考异》、王鸣盛的《十七史商榷》、赵翼的《廿二史札记》为最佳。三书之中，钱书当为第一，钱、王是一路，赵则将正史归类，其材料不出正史；钱、王功力较深，其实亦不免琐碎。故论清代考史之作，实以补表为最好。

清代史家有二长处：第一是实在，第二是不加议论。然其短处亦在此，所以虽无胡致堂之妄，亦无司马温公之长。

讲到清代史家，尚有一事应注意，即论史不敢论及《明史》，甚至考史亦不敢考及《明史》。此因《明史》乃是所谓"钦定"之书，且事涉清室，自应避免，不赞一词。其实《明史》非无可议者，是则有待于后人矣。

小学为清代所特长，开端者如张弨、顾蔼吉诸人，不过考汉碑字体，辨别隶书之正俗，够不上说专门学问，因为这不过是教小孩子认字而已。前代小学家多从《说文解字》着手，而清代小学家却先讲音韵。顾炎武作《音学五书》，以《诗》《易》《离骚》用韵为据，音理虽疏，证据却完备。顾氏分古韵为十部，至江永作《古韵标准》，则分十三部，较顾氏为精，因江氏长于审音也。戴震始定古韵为九类，以九类分平声为十六部，连入声共廿五部；实则廿五与十六，十六与九，是一样的，因平声十六部有“阴声”与“阳声”之别，阴声七部，阳声九部，再加入声九部，即成廿五部，自此音理始大明。后来段玉裁分为十七部，孔广森分为十八部，王念孙分为廿一部，皆不离戴之廿五部。明古音方能明训诂，明训诂方能讲《尔雅》《说文》。邵晋涵与郝懿行，均讲《尔雅》者也。讲《说文》者更多。前人讲《说文》不甚好，因为仅讲形体；段玉裁出，始将声音、训诂、形体三者合讲，其《说文解字注》，虽有改字及增删之病，然大体实甚精当。严可均作《说文声类》，亦甚好。此后王筠的《说文四种》，则仅足供初学之用而已。桂馥的《说文义证》，发明亦甚少。

“小学”本合文字、声音、训诂三部分而成，三者不能分离，故欲为此学定一适当之名称却颇难，为名“文字学”则遗声音，名为“音韵学”又遗文字，我想可以名为“言语学”，因为研究小学，目的在于明声音、训诂之沿革以通古今言语之转变也。清代小学所以能成为有系统之学者，即因其能贯通文字、声音、训诂为一之故。或谓小学专为说经之用，则殊不然；因经书之文虽为古代之言语，而言语却不限于经书也。惟欲说经，必先通小学，始能了解古人之言语。此如算学本非为测天步历而作，而测天步历实有赖于算学。故小学固非专为说经之用，而说经实有赖于小学。

清代经师有汉学与非汉学之分。清代经学前驱亦为顾炎武，顾氏无说经专书，惟《日知录》中有说经之部分。顾氏说经，均论大体，小处不讲。彼时汉学尚未成立，顾氏犹时采宋人之说。然同时已有汉学家出，如陈启源讲《诗》，已专据《小序》，与朱熹相反。考《尚书》者有阎若璩的《尚书古文疏证》，对于今本《尚书》，辨别其中孰真孰伪，于是古文诸篇为伪造之案始定，此为渐成汉学之始，然尚无汉学之名。臧琳作《经义杂记》，考经典文字之异同，极类汉学家言，或有疑为非其自作者。此后南方有两派，一在苏州，成汉学家；一在徽州，则由宋学而兼汉学。在苏州者为惠周惕、惠士奇、惠栋。士奇《礼说》已近汉学，至栋则纯为汉学，凡属汉人语尽采之，非汉人语则尽不采，故汉学实起于苏州惠氏。在徽州者为江永，由朱熹之学入门，有《近思录集注》，本非汉学，惟讲《周礼》甚好，且较惠氏尚过之，故世亦称之为汉学，然江氏本人则不自认为汉学也。江永弟子有金榜，曾作《礼笺》；又有戴震，则实为宋学家，非汉学家。由声音以求训诂，通训诂以说经，虽始于戴氏，然戴氏之学实比其师江永不如，比同学金榜亦不如，而竟享盛名者，盖学者亦如官吏中有“政务官”与“事务官”之别，戴氏如政务官，其事务官之职务则后人为之担负也。戴少时与惠栋曾相见，后来不甚佩服惠氏，因为惠氏所作《明堂大道录》之类，颇多迷信之谈，戴氏颇不以为然。日本人有一戏语，谓惠栋为洪秀全之先驱，我谓惠氏颇似义和团之先驱也。

苏州学派笃信好古，惠氏弟子如江声、余萧客，其学亦不甚高。江声之后如顾千里辈，一变而为校勘学。余萧客作《古经解钩沈》，又作《文选音义》，故又流入《文选》学。王鸣盛作《尚书后案》，亦守古，主郑玄说，一字不敢出入。即戴震之学传至苏州，亦染守古之风，如段玉裁之弟子陈奂，虽本戴学，然其疏《诗》，则不取郑笺，专主毛传。钱大昕与惠栋亦有关系，然非师弟，钱氏考经证史均甚精核，音韵亦能发明双声，颇多独得，不泥古，与惠栋不同。戴初见钱时，钱已成翰林，戴则寓徽州会馆中，颇落拓，人目为“疯子”，戴氏见钱后告人曰：“吾以晓徵为第二人”，盖自居于第一人也。然钱颇盛称戴，故戴名日起。至江藩作《汉学师承记》，则仍推钱为第一人。苏、徽二派，势不相容，然钱氏确高于戴氏。戴后入四库馆，其弟子中有名者为段玉裁、王念孙、孔广森、任大椿、丁杰等。丁杰较逊；任大椿曾作《弁服释例》；段、王、孔三人学问最精。孔广森始治《公羊》，然其最佳之著作则为《诗声类》。段氏作《说文解字注》《六书音均表》《周礼汉读考》《古文尚书撰异》等。诸书中以《说文解字注》用力最勤，做了三十年，为段氏最后成绩。其作《古文尚书撰异》时，尚年轻，前人多称誉此书，以为精于《说文解字注》；然自今日视之，则《说文解字注》实较《古文尚书撰异》为精，因为就新出之三体石经考证，知《古文尚书撰异》实甚疏舛也。王念孙传戴氏之学，所著有《广雅疏证》《读书杂志》诸书，考明训诂，较以前诸人均为切实，段氏尚有疏谬，王氏则无。其子引之著《经义述闻》，又著《经传释词》，指出古人误解虚字为实字，亦是一大发明。王念孙虽从戴震游，起初并无传戴学之意，故其成功是偶然的。王氏为戴氏之事务官，可谓称职，然王亦能为政务官。《经传释词》诸书之后，有先师俞曲园（樾）先生的《古书疑义举例》诸书，俞先生又王氏之事务官也。王氏以高邮人而传徽学。

是时扬州又特出一支，即汪中，汪与王念孙为同事（在阮元学政幕中），又系同乡。汪之为学虽出于戴，而不为戴氏所缚，又宗顾炎武，不肯为章句之学。其毕生精力所萃，在《述学》一书中。此后扬州学者甚多。有凌曙者，其教弟子可谓得“狡兔三窟”之意，命陈立治《公羊》，刘文淇治《左氏》，因若《公羊》衰则有《左氏》在，《左氏》衰则有《公羊》在也。陈立治《公羊》尚实在。刘文淇数传，至曾孙师培而绝。太史公《自序》说，“自上世尝显功名于虞夏，典天官事，后世中衰，绝于予乎！”余谓仪徵刘氏之学，真绝于刘师培也。

与苏州学派不算一支而有关系者，为常州学派，此为今文学派，其治学专以《春秋公羊传》为宗。此派开端者为庄存与，其后有名者为刘逢禄、宋翔凤，以及浙江之戴望等人。人虽多，而学术精良者少。至于康有为以《公羊》应用，则是另一回事，非研究学问也。浙江尚有邵懿辰者，亦讲今文。庄存与虽讲今文，然亦讲《周礼》，而且还要讲伪古文《尚书》，刘逢禄亦讲《书序》，不尽今文也。

清初诸人讲经治汉学，尚无今古文之争。自今文家以今文排斥古文，遂有古文家以古文排斥今文来相对抗，孙诒让作《周礼正义》，专重古文，与今文为敌，此其例也。然今古文实亦不能尽分，即如说《礼》，总不能不杂糅今古文，即宋人之说亦不能不采。凌廷堪作《礼经释例》，胡培翚作《仪礼正义》，二家讲《礼》，总不免牵入宋代李如圭、张淳诸人之说也。

清代学派中，尚有四明学派，此派不起于清，实源于宋。万斯大、万斯同兄弟均四明派，说经多讲《三礼》。其后传至黄式三，式三子以周作《礼书通故》，意欲集《三礼》之大成，此书杂糅汉、宋及今古文，因欲说《礼》，则今古文不能不杂糅，汉、宋亦不能不杂糅也。若只讲古文而不讲今文，则先须排斥《礼记》，这是做不到的；而宋儒说《礼》亦有甚好者，不能弃而不录。所以今古文不能不杂糅，汉、宋亦不能不杂糅。孙诒让作《周礼正义》，能排斥今文，然不能尽斥宋说，此则今古文虽欲争而亦有不能争者。

清代经学，自分布之地域观之，最先为苏州（后又分出常州一支），次徽州，又次为扬州，浙江在后。其在山东，则有孔广森及桂馥。在广东，则有侯康，讲《穀梁》；又有陈澧，亦是汉、宋杂糅者。余如四川、两湖亦有经学家。惟有一处纯为宋学，绝对不受汉学影响者，即江西是也。江西本陆学极盛之地，宋代朱熹讲学之所，故在历史地理上为一特别区域。大概学问亦如催眠术，遇有特别情形者则不能催。江西之学风，在清代三百年中绝不受汉学影响，今之江西犹昔之江西也。

清初亦有理学先生，后来汉学家出，尚不敢菲薄理学，如惠栋之流，说经虽宗汉，亦不薄宋；江永且为《近思录》作注。自徽州派之戴震出，方开辟一新世界。其《孟子字义疏证》一书，大反对陆、王，对于程、朱亦有反对之语。后人多视此书为反对理学之书，实则为反对当时政治之书。清初皇帝表面上提倡理学，常以理学责人，甚至以理学杀人，故戴氏书中有云，“人死于法，犹有怜之者；死于理，其谁怜之！”这是他著书的要旨。戴氏见雍正、乾隆动辄利用理学以责人，颇抱不平，故攻击理学。戴氏以前尚推崇程、朱，此后遂不复谈宋学矣。

桐城派始祖方苞，颇自居于理学。至姚鼐，则无理学之见。姚在少年时愿从戴震学，戴拒而不收——究竟是不敢收，还是不屑收？却不得而知——因此两人极相左。翁方纲自附于理学，故姚与翁均攻戴。至方东树作《汉学商兑》，对戴仍不减仇视之意。《汉学商兑》中斥汉学之弊，颇有中肯语。惟方氏谓汉学家于立身行己之道不讲，这却不然。当时的汉学家，品行无甚坏者。唯孙星衍较坏，然亦小节，不过好男色而已；然当其点翰林时不肯拜和珅，则不可谓不讲气节，在山东按察使任内，平反冤狱甚多。人概汉学家亦如耶稣教人，即欲为非，亦不敢，因汉学家亦不敢叛周公、孔子之教也。故如汉世张禹、孔光、马融之徒，清代无之。大抵清代经师平常人多，故难得有为则有之。唯阮元在官能平海寇，此为汉学家之功业，然阮氏除此以外，亦并无十分好处。其余诸人在官亦平常，无特别好，亦无特别坏。其所以然者，因为他们本欲自处于无用，盖自清初诸人均不愿入仕，故其说经，不但无通经致用之说，即议论亦不愿发，虽今文派之刘逢禄亦无此思想。后来之通经致用说，则从康有为起。此或自古已然，如战国时之经师，据《汉书·艺文志》及《儒林传》所录，如商瞿、縠梁赤、公羊高等，在当时皆毫无声名。孟子由经师转入儒家，故或有用。可见自来经师本多如此，非独清人然也。故吾人评清代汉学家，可以说他们无用，却不能说他们品行不好。

据《师大月刊》第10期《文学院专号》，1934年3月31日

★此为章太炎1932年3月31日在北京师范大学的演讲，由柴德赓记录，钱玄同审定。

论经史儒之分合

经之所该至广，举凡修己治人，无所不具。其后修己之道，衍而为儒家之学。治人之道，则史家意有独至，于是经史遂似判然二途。夫所谓经者何指乎？大纲二字，允为达诂。《韩非》内、外储三篇，篇各有经，造大纲于篇端，一若后世艺文之有目录。《管子》有经言、外言、短语、区言、杂篇，而经言居首，盖纲之在纲，义至重要。《墨子》有《经上》、《经下》，次有《经说》上下，一如后世之分经传。大抵提出宗旨曰经，解说之者为说。简要者为经，详尽者曰说曰传。后世儒家、史家，辞繁不能称，遂别称为子为史，溯其朔一而已矣。

古无史之特称。《尚书》《春秋》皆史也，《周礼》言官制，《仪礼》记仪注，皆史之旁支。礼、乐并举，乐亦可入史类。《诗》之歌咏，何一非当时史料。大小雅是史诗，后人称杜工部为诗史者，亦以其善陈时事耳。《诗》之为史，当不烦言。《易》之所包者广，关于哲学者有之，关于社会学者有之，关于出处行藏者亦有之。其关于社会进化之迹，亦可列入史类，故阳明有六经皆史之说。语虽太过，而史与儒家，皆经之流裔，所谓六艺附庸，蔚为大国，盖无可疑。

《周礼》大司徒教万民而宾兴之，六德、六行、六艺而已。六艺者，礼、乐、射、御、书、数。《记》又有春夏教《诗》《书》，秋冬教《礼》《乐》之说，则已备有四经。而《易》不以教士，专为卜筮之守，其后亦得免于秦火。《春秋》为国史，民间所不得见。《尚书》则古史，非当代史，且各自为篇，无年月以比次，历代兴废，所记不全，如《夏书》已有《甘誓》《五子之歌》《胤征》诸篇，然于后羿、寒浞之篡弑，少康一旅之中兴，均缺焉不载。故《书》虽以道政事，而不得称为完具之史。惟《春秋》编次年月，体例始备，奠定史基，当弗外是。第《春秋》之作，昉于何时？杜元凯《春秋释例》谓为周公之旧典。余观《周官》五史，未及《春秋》一语。小史掌邦国之志，殆方志类耳。以周公之思兼三王，犹未备编年一体，可见当时对于此道尚疏。余谓《春秋》之作，当起于西周之末。太史公《十二诸侯年表》始于共和元年，前此则但称世表，而弗能次其年月。《墨子·明鬼》篇历引周、燕、宋、齐之《春秋》，至杜伯射王而止，可见周宣以前，尚无《春秋》。《春秋》既记当代之事，民间不得习睹，惟贵族或可得见，故《晋语》司马侯称羊舌肸（叔同）习于《春秋》，悼公即召傅太子。《楚语》士亹傅太子箴，问于申叔时，叔时曰教之《春秋》《世》《诗》《礼》《乐》《令语》《故志》《训典》。《令语》《故志》《训典》，皆《尚书》家言；《故志》即邦国之志。盖《尚书》不专记王朝，如《费誓》《秦誓》，皆邦国之志也。《世》即《世本》，为《春秋》家言。由此知公侯子孙，乃得一读《春秋》。其他教万民之术，止有《诗》《书》《礼》《乐》而已。管子相齐，其教颇广，故《山权》数篇，言《诗》以记物，时以记岁，《春秋》以记成败，行者道民之利害，《易》者所以守凶吉成败，卜者卜凶吉利害，民之能此者皆与之一马之田一金之衣。所谓行者，即《周礼》小行人所掌，辨别每国之五物，亦即方志之类也。管子悬此以求士，可见当时齐国之士，能全读此者亦不数觏。孔子教人，平时亦止《诗》《书》《礼》《乐》。五十学《易》，习之已晚。《春秋》则西观周室，论次史记旧闻，作于获麟之后，非当时教人之学。故《易》与《春秋》，虽经管仲提倡，而孔子以前通之者究无多人也。自孔子定六经之名，然后士得通习，前此盖未有人言六经者。《汉书·艺文志》本于《七略》，凡《春秋》二十三家，《国语》《国策》《楚汉春秋》《太史公》《汉著记》，均在六艺略中，未尝别立史部。迨晋荀勖《中经簿》，经史乃歧而为二。此因史籍过多，不得不离《春秋》而独立，实则史与《春秋》不能相离。太史公作《史记》，即欲上继《春秋》。班固作《汉书》，其于十二本纪亦自称为《春秋考纪》。直至晋、宋，孙盛、习凿齿仍自名其书曰《晋阳秋》、《汉晋阳秋》（晋简文宣太后讳阿春，故改“春秋”为“阳秋”），盖袭用经名者，惟史籍为可，否则扬雄撰《太玄》以拟《易》，撰《法言》以拟《论语》，论者斥为吴楚僭王，而于史家之自称《春秋》，殊无贬词，盖史本《春秋》嫡系也。

刘知几《史通》言，“《尚书》记言，《春秋》记事”。此亦不然。《尚书》亦有记事之文，《禹贡》即记地理，《顾命》即记丧事。盖《尚书》为史法未具之书，集合档案而成之，非专以记言也。故后人作史，法《春秋》不法《尚书》，且法传而不法经，如《两汉纪》及《资治通鉴》皆是。惟王通《元经》，乃自比《春秋经》。其书元年春帝正月，是也。须知《春秋》为鲁史，有周天子在，不得不系正朔于王，南北朝各皆自主，称帝正月何为？又通以祖宗所在国为正统，刘宋时在南，故认宋为正统。齐初迁魏，则以正统予魏。隋代平陈，混一区夏，则称晋、宋、齐、梁、陈亡，此皆酿成笑柄者也。其后朱晦庵法《春秋》而作《纲目》，盖以余力为之，非精心结撰者，且大都为其弟子赵师渊所作。元明之间，颇有继作。至清渐少，实因《春秋》经文不易效法，作史者只可法传不可法经，至《尚书》更无法之者矣。历代史籍，一以纪传为主，与《春秋》亦多异趣。惟本纪、编年，纪录大体，正似《春秋》。若表、志则《春秋》未始有之。故《隋书·经籍志》称《史》《汉》为正史，而以《两汉纪》《晋阳秋》《汉晋春秋》隶古史。盖《史》《汉》大体，虽取法《春秋》，而亦兼涉六经，如《礼志》《乐志》，即取法于《周礼》《仪礼》《乐经》。后代之史，志、表或付阙如，而纪、传一准《史》《汉》。史之应入《春秋》家者，其故在此。

清儒段玉裁谓十三经应扩为二十一经，即加《大戴礼》《国语》《史记》《汉书》《通鉴》《说文》《周髀算经》《九章算术》八种。斯言颇为卓荦。《国语》本在《汉志》经部，《大戴》《小戴》，亦自古并称。《说文》宜与《尔雅》并峙。《史》《汉》《通鉴》为史学典型，其列入经部宜也。惟《算经》《算术》《艺文》不入经部，未宜阑入。然此十九经字数浩繁，学者未易成诵，计十三经共五十余万字，《史记》五十余万，《汉书》八十余万，《通鉴》百三四十万，加以《国语》《大戴》《说文》不啻二十万，合共三百余万字，比十三经字数六倍，诵习者将日不暇给，况二十四史合计三千余卷，段亦仅举其主要者而已。惟史之宜习，吾已不惮烦言，而经史之不必分途，段氏已有独得之见，清儒中盖未能或之先焉。

儒家之入子部，《汉书·艺文志》已然。儒家之言，关于修己之道独多，论及政事者亦不少。孔子言兴于《诗》，立于《礼》，成于《乐》。《诗》《礼》《乐》本以教人修己。一部《论语》，言修己之道更多。今《论语》入经部，实则《论语》为孔氏一家之书，亦儒家言耳。《论语》既入经部，则若《孟》《荀》等无一不可入经部。惟因篇帙太繁，不得不揭称儒家以冠九流之首。后人疑《孟子》不应入经部，如论其源流，实无大背谬也。经兼修己治人，史则详治人而略修己。自《论语》出而修己之道灿然大备，儒之可重者在此。原夫史之记载，多帝王卿相之事，罕有言及齐民。舜虽耕稼陶渔，终登帝位，史亦不能详其初事。周公制礼作乐，而礼犹不下庶人，与齐民修己鲜涉。惟孔子出身编户，自道甘苦，足使人得所效法。夫子之贤于尧、舜，亦其地位使然也。孔子以前，为帝王而立言者实多，为平民而立言者盖寡。东家之邱，人固以细民易之。孔子亦自言吾少也贱，故多能鄙事。其后为委吏为乘田，能会计当而牛羊壮，又《檀弓》南宫縚之妻之姑之丧，夫子诲之髽，则夫子于细民鄙事，能者实多，故能疏食饮水曲肱而枕不改其乐。以历经困厄之人，甘苦自知，言之自能亲切，而修己之道亦因之圆满。其后孟、荀二儒，益能发挥尽致。《汉志》入《孟》《荀》于儒家者，以分部时当然，实则渊源无异也。如此则经史二部，亦固可合于儒。若六经皆史之说，微有语病，因经所含不止史学，即儒家之说亦在其内也。

今教人读经，要在策人记诵，而史传及儒家学说，无不当悉心研究。儒之与史，源一流分，虽儒谈政治，史亦谈政治，而儒家多有成见，渐与史有门户之分。然无儒家，则修己之道不能圆满。而治人之道，欲其运用有方，则儒家亦往往有得之者。孟、荀二公，不得其位，不论。汉初所谓儒者，若叔孙通、娄敬、郦食其、陆贾四人，无不长于应用。叔孙制礼作乐，不失儒家面目。娄敬乃一策士，而定都关中，敬实主之；与匈奴和亲，亦敬主之。郦生虽似迂阔，然能以口舌下齐七十余城，设不为韩信所卖，当亦不至就烹。陆贾说赵佗去黄屋称制，才调与纵横家相近，名之曰儒者，以其本业为儒耳。前此孔子弟子，如子贡之存鲁乱齐破吴霸越，亦纵横家之前驱。后此汉文时之贾谊，才气较前数人为高，而惜不得其位以死。观此数子，则古儒者固多有用之材矣。若专门说经之士，往往乏运用之术。孔子以来，惟吴起、杜预二人为有干略，他若公羊、穀梁与其传授之徒无有以功名显者。又如孔子传《易》于商瞿，中经数传以至汉世，亦无以功业显于当代者。余若传《诗》之高子、孟仲子，传《礼》之高堂生，传《书》之伏生，皆无事迹可见，盖纯粹经师，往往不涉世务，故功业短于儒家。然则经典治人之道，非儒家固不能运用，有赖于儒家者以此。

承平之世，儒家固为重要。一至乱世，则史家更为有用。如《春秋》内诸夏外夷狄，树立民族主义。嗣后我国虽数亡于胡，卒能光复旧物，即收效于夷夏之闲也。孔子作《春秋》，《孟子》《公羊》皆言其事则齐桓、晋文。试问《春秋》之异于旧史者安在？盖以前皆言帝王之道，《春秋》则言霸主之道，故三传无不推尊齐桓，而《论语》且言“微管仲吾其被发左衽矣”。春秋之季，戎夏交捽，若无霸主，将不独伊川之见野祭而已。又观管仲以前，以尧、舜、禹之圣明相继，传至仲康父子，已为夷羿所篡，盖保持中国太平者不过三百年耳。《商书》简略，四夷之事不详；而太王避狄去邠，可见商国之威，亦不能詟服狄人。至文王胜玁狁伐西戎，周公兼夷狄驱猛兽，然后王业以定，国威以立，然不及四百年，而幽王死于骊山之下。逮管仲出，则中国不困于异族者九百余年。盖自齐桓伐山戎救邢卫，其后晋灭赤狄，至战国时，国威益振。秦初灭大荔之戎（在今陕西东部汉之左冯翊），后灭义渠之戎（在今泾阳至宁夏一带），惠王用司马错西并巴蜀；赵武灵王北收云中九原（九原当今榆林至河套云中，在今河套一带）；燕将秦开，却东胡千余里，置辽东、辽西郡，疆土远及朝鲜；楚则庄兵定滇池。战国之势，制夷而不制于夷，其方略皆有所自来。至秦始皇时，略定陆梁，置桂林、南海、象郡；赵佗更役属瓯骆，至汉时改为九郡（即今两广安南地）；而云南亦于汉武时征服。秦虽残暴，其对外之功，自不可没。汉至宣帝时，西域三十六国，尽隶都护。汉人对于藩国，务握其实权，不若后代之徒求虚名也。西汉自武帝以后，胡人不敢南下。王莽末，中国虽乱，而匈奴始终不能蚕食边地。后汉兵威不及前汉，然班超以三十六人定西域。三国分裂，异族亦不敢内侵，魏武斩蹋顿，司马宣王灭公孙渊，兵威犹震于殊俗。至晋室平吴，骨肉相残，然后有五胡之乱。自管仲至此凡九百余年，递相祖习，使中国有金瓯之势，其泽不可谓不长矣。孔子之服管仲者以此。

吾今称此九百年为霸期，以此九百年中，政令虽有宽猛，大氐皆管仲余势所持也。前乎霸期者，商、周攘夷之功，殊不及此；后乎霸期者，则自两晋以逮隋室，戎夏交捽者几三百年。唐太宗武功极盛，但自隋文平陈至天宝十四年，历时仅一百六十余年；安史之乱，已毒遍中原，继受吐蕃、回纥之侮，异族又骎骎驾中国上矣。其后五代扰攘，李存勖、石敬瑭、刘知远皆沙陀部落，石且以燕云十六州割让契丹。宋兴亦无如之何。河北境土，日蹙日削，勉强支持百五六十年，金人起而汴梁不守矣。南渡偏安，更不足论。及蒙古混一，中国沦于夷狄者八十九年。明之兴，始得光复旧物，其胜于唐、宋者有数端焉：洪武收复辽东，征服云南。永乐更灭安南，改设行省（惜仅二十余年即受黎利之绐许其称藩）；使节远至斐州，南洋岛夷，莫不詟服。及土木之变，英宗北狩，而丧君有君，不必为肃宗之即位灵武，亦不至如徽、钦之羁死五国，卒使也先礼送英宗南还。世宗时俺答入寇，终受敕封而去，直至万历季年，群阴构祸，努尔哈赤起，明乃渐以不振。此盖天子守边，人自不得不致死于驱除异族也。（北京东邻辽东，北接热河、察哈尔，异族逼处，非安享太平之地，故明时传云天子守边。）自霸期既毕，能保持攘夷之功者，惟朱明一代而已。霸期以前，西周保持不过三百余年；霸期以后，朱明保持二百五十余年。独此霸期中，保持至九百年，管仲之功真不在禹下矣。孔子作《春秋》，焉得不称齐桓、晋文哉？孟、荀生于中国强盛之时，故小管仲而羞桓文。如生于东晋之后，当亦不言管仲功烈之卑也。儒家对于历史，往往太疏，不综观事之本末，而又有门户之见，故其立论不免失中。孔子作《春秋》，确立民族主义。三传释经，虽有不同，而内诸夏外夷狄之义则一。管仲建此功，孔子立此义，以故中国屡亡，而卒能复兴。是以承平之世，虽有赖于儒家；而国亡再起，非归功于史家不可。今者外患日深，骤图富强，谈何容易？惟有立定民族主义，晓然于非我族类其心必异，本之《春秋》，推至汉、唐、宋、明诸史，人人严于夷夏之防，则虽万一不幸而至于土耗敎，终必有复兴之一日也。

今吾人言读经尊孔，而敌人亦言读经尊孔，鳃鳃者深恐将来为敌人愚弄。吾谓不然。民族意识之凭借，端在经史。史即经之别子，无历史即不见民族意识所在。盖凡百学术，如哲学，如政治，如科学，无不可与人相通。而中国历史，除魏、周、辽、金、元五史，断然为我华夏民族之历史，无可以与人相通之理，故吾人读经主旨，在求修己之道，严夷夏之辨。前此满清入关，何尝不思以读经尊孔，愚弄吾人？玄烨、胤禛，出其雷霆万钧之力，威胁利诱，卒之民族主义，历劫不磨。盖读书种子不绝，《春秋》内诸夏外夷狄之义长在人心，一触即发，何惧乎异族？何畏乎愚弄？若至经史道丧，儒学废绝，则吾炎黄裔胄，真沦于九幽之下矣。

据《国风月刊》第8卷第5期，1935年6月

★此为章太炎1935年6月在苏州章氏星期讲演会的演讲，由王謇、王乘六、吴契宁、诸祖耿记录。

关于经学的演讲

无锡于明万历间，有高攀龙、顾宪成二先生提倡理学，崇尚气节，实为东林学派之策源地。化民成俗，裨益于社会者匪鲜。然终无补于明之危亡者，以其化民成俗有余，而谋国事则不足也。今之国势，正与明末相似。居今日而言国学，未有不掩耳疾走者，以国学为迂腐而不足道也。然吾侪治国学者，固不贵空言，而尤重在力行。惟国学范畴颇泛，其归宿之点，要在修己治人是已。昔者吾友桐城马其昶先生提倡国学，著有《三经谊诂》一书，即以《孝经》《大学》《中庸》为教本。余寄书马先生谓以《孝经》《大学》为教本甚当，而《中庸》则有未合，因今日所急需者，辑修己治人之学。《中庸》讲论性命之学，以顺天为归。然顺自然之极，易流入衰颓危亡之途。人类惟有力抗自然，乃能生存。盖《中庸》近于佛法中之天乘（佛法有五乘：天乘、人乘、声闻乘、缘乘、菩萨乘，是也），非当今所急需。今日社会之腐败，皆由不尚气节所致，欲革新社会，非砥砺气节不可。而提倡气节，与讲理学有关。宋代最先提倡气节者为范文正，文正以前如五代之冯道不惟不知非之，且有称誉之者。至范文正后，始斥冯道为无耻，至南宋反以气节为不足道。抑何悠谬！《礼记·儒行》一篇最崇气节。北宋儒者颇重《儒行》，至南宋则有高闶之反对，以为《儒行》为六国时人所作，非孔子书。有宋一代，初由提倡气节而重理学，理学既盛，反以气节为不足道，欲提倡气节，必须重视《儒行》。又《孝经》一书，实为国学之宗，然非具体而为抽象之论，故必须《仪礼·丧服》篇相辅而行。盖《孝经》《大学》《儒行》《丧服》四篇于今最切实用，而均应宝爱。故今日所讲，即以此四者为题。

《孝经》 前人认孝为门内之行，与门外之行无关。实则试观《论语》第二章有子之言，则知本无分于门内门外。有子曰："其为人也孝弟，而好犯上者鲜矣；不好犯上，而好作乱者，未之有也。君子务本，本立而道生。孝弟也者，其为仁之本与！"人无孝弟之心，则犯上作乱，犯上作乱为门外之行。由此可见孝无门内门外之别矣。宋儒以《孝经》非孔子书，而内有曾子云云，谅系曾子弟子所为。书虽非孔子所作，而曾子实传孔子孝道，何容致疑？宋儒因不信《孝经》，而于《论语》有子说孝弟一章亦并非之。以为为人之本惟仁性而已，何能以孝弟为仁之本？其实仁有广狭二义：广义之仁，即为“克己复礼”；狭义之仁，即为“仁者爱人”。爱人根于孝弟之心，未有不能孝其亲，弟其长，而能为仁者也。后汉延笃亦疑此章，以为“孝在事亲，仁施品物”。不知此正与孟子亲亲而仁民之说相合。孝弟为仁之本，古有说此。《管子·戒》篇云“孝弟者仁之祖也”。仁之祖，即仁之本，固非有子一人之言，宋儒以为孔门弟子，欲以有子为师，而曾子非之，有子为人必不如曾子，其言不足置信。怀此成见，以轻视有子，并《孝经》亦轻视之。视汉儒以《孝经》为六经之总会，则大异矣。实则《孝经》与《尧典》“克明俊德，以亲九族；九族既睦，平章百姓；百姓昭明，协和万邦，黎民于变时雍”之道亦正相同。孔子之说本承《尧典》而来。儒墨之分，亦在《孝经》。墨子兼爱而非孝，故遭儒家反对。在今日之言爱国者，何异墨子兼爱之说？所谓爱国者何？即爱一国之人民也。然爱国须由爱家起，爱家须由孝弟起。不言孝而言爱国，仍为妄夸耳。《孝经》文本平易，无烦说解。然有种种异说者，此又宋儒曲解之咎也。其言“身体发肤受之父母，不敢毁伤”，异于曾子所言“战陈无勇非孝也”。其实《孝经》所言，身体发肤，应保养于平日，至战陈时，不可不勇。必如此解，庶于意无碍耳。在孟子以爱亲敬长，即良知良能。后在王学中有罗近溪，亦谓“良知良能”即“爱亲敬长”。窃意孔、孟以多年讲学，未得要领，后方悟以孝弟为仁之本。汉儒亦以《孝经》为六经之总会，致宋人始生异议。《孝经》言修己者多，言治人者少。内分“天子之孝，诸侯之孝，卿大夫之孝，士之孝，庶人之孝”。至今毋庸分此五等，而人人均可以天子自居矣。由内及外，正当从修己做起。

《大学》 《大学》据宋儒所讲都错。不仅讲错，即章次亦多颠倒。致明王阳明有恢复古本《大学》之举，而诋宋儒之讲《大学》为洪水猛兽。因《大学》包涵修己治人之学，如有讲错，即为杀人之本。宋儒讲《大学》最荒谬者，改亲民为新民，与朱子讲“致知格物为穷至事物之理”。其改亲民为新民者，谅见下文有汤之盘铭曰“苟日新，日日新，又日新”。“周虽旧邦，其命维新”，《康诰》曰“作新民”等句所起。汤之盘铭，不过谓“日新其德”而已。《康诰》曰“作新民”，与“周虽旧邦，其命维新”者，因周人于革命之后，欲新殷人之思，想以归服周室。乃就社会变革后之特别情形而言，与新民无关。孟子有“人伦明于上，小民亲于下”之句，《尚书》有“百姓不亲”之语，为政之要，归结与百姓相亲。一在《大学》之前，一在《大学》之后，均讲亲民，未尝有误。朱子解“致知格物”为“穷至事物之理”。颇似今之讲物理学，与正心诚意何关？故王阳明驳之。以为人之一切思想行动，即是物，不必追求事物之理于身心之外。所谓“致知”者，即“致良知”也。“致知格物”者，“致良知以正物”也。然其文句颠倒，且增一“良”字，已失原文本意。郑康成注“格来也”，“知于善深，则来善物”，亦即《论语》“我欲仁，斯仁至矣”之意，本与阳明“知行合一”之理相同。其谓“致良知以正物”，则颠倒误矣。本为物格而后致知，非谓致知而后格物也。故阳明之说，亦为不可通，反不如其门下一不识字之灶丁王心斋所解为通达耳。其谓“格物者即物有本末，致知者即知所先后”也。然其究因读书少，而不明格字之解。《仓颉篇》谓“格，量度也”。格物者，量度事之本末。正心诚意为本，修齐治平为末。能量度物之本末，则知行事之先后矣，故刘蕺山谓王阳明不如王心斋也。后来之清儒，如戴东原辈，讲格物亦不如假道学之李光地（研究天算而谈理学）知取心斋之说。惟余认孝为物之根本，不知孝，则致知二字，仍属空言。故《大学》讲错，即为杀人之本。王阳明斥朱文公，虽不免过甚其辞。依余之见，实因朱子不通格物之字义，强作“穷至事物之理”之言以敷衍之。观朱子虽讲格物穷理之功，而其门徒鲜有通事物之理者。当日陆象山讲格物，虽非如朱子之繁多，实则象山与朱子相同，而阳明独推重象山，实因阳明读书不多，不知上追汉儒以穷鞫之。如信程、朱之说，改亲民为新民，实为杀人之本。所谓新民者何？是为废除旧道德，改用新道德，是正洪水猛兽也！朱子之讲格物犹今之讲物理学也。道德本与事物相抗，如今之时势，崇尚科学，而排斥道德。虽非程、朱所提倡，使程、朱有知，亦将反悔于地下矣。故亲民即为“人伦明于上，小民亲于下”，推本乎孝。格物即为“物有本末，事之始终”。《大学》前后本属一贯，治乱之理，悉具于是。历来政治之隆污，无不与《大学》相应者。亲民格物即为治国之原则，好人之所恶，恶人之所好，人之彦圣，妒疾以恶之，长国家而务财用者，即为亡国之原则。二千年政治之治乱，正如此耳。《大学》所讲从孝亲起以至平天下，修已治人之学，均包括在内矣。

《儒行》　《大学》《孝经》所讲，修己治人之道胥备。惟无勇气，仍不足以有为。《儒行》所谓“儒”，虽非为圣为贤，然其崇尚气节，合《论语》所谓“士者行己有耻，见危授命，使于四方，不辱君命。见贤思齐，久要不忘平生之言”。虽不足为圣，亦足为仁人矣。不如是不得为仁人，而宋儒深致反对，故其轻视《儒行》。不尚气节而《儒行》中言无过失可微辩，而不可面诉，朱文公解“子路人告之以有过则喜”，谓："仲由喜闻过，今名无穷焉。今人有过，不喜人规，如讳疾而忌医，宁灭其身而无悟也。"然朱文公与陆象山为太极无极一小事之辨，彼此书翰往还，争论激烈，互相诋毁，势将绝交，殊非君子之气度。历来儒家，均犯此过。除孔子、颜子之大圣，为不可及外，即孟子亦不免。孟子每与人辩，均属胜利，唯与淳于髡名实之辩，孟子辞穷，而犹曰"君子之所为，众人固不识也"。可见《儒行》不可面诉一言亦未为过，汉儒均重《儒行》，东汉尤尚气节，与理学之旨相合。北宋范文正首倡理学，及后理学盛，反轻气节，实有负于提倡理学者之初志，故宋亡大臣之学冯道者甚多。讵非反对《儒行》，轻视气节之所致乎？汉苏武使匈奴，被留十九年始还。汉宣帝图功臣于麟麒阁，武亦在内，可见汉人之重尚气节。南宋有洪皓者，其人节概如苏武，使金留十三年乃还，然宋人并不知尊礼，后复以忤秦桧被斥。设日人一旦进灭中国，使汉儒在，决不屈服于日人，若在南宋轻视气节时，则未可知矣。宋儒谓《儒行》非孔子书，即如其言，果非孔子书，或为伪托孔子者所造，但其言之有理，亦足取之，何必问其是否为孔子书也？据予所见孔子对鲁哀公之问，亦在情理之中。哀公为人懦弱无用，优柔寡断，亦正如今日张学良之流。故孔子之言《儒行》于哀公，亦为对症之药，焉知其非孔子书也？

《丧服》 《仪礼》十七篇中有六礼，惟士丧礼至今大体尚属沿用。据予所见《丧服》中除“尊降压降”二条外，余均尚可通用。尊降压降，为诸侯公卿之礼。自改封建为郡县，即已无所用之，故亦不废而自废。汉儒治《仪礼》者甚多，惟郑康成遍注《仪礼》，康成之前，如马融仅注《丧服》一篇，三国时王肃亦注《丧服》，即蜀之蒋琬亦注之，总观注《丧服》者有十九家之多。吾人能试查《通典》自汉末至唐，讲《丧服》者，可考其详。顾亭林谓六朝人之好处甚多，保存礼法即为一端。盖六朝人尊重丧礼，如陈寿“遭父丧有疾，使婢丸药，为乡党所贬议”。由今观之，不足为异。又如晋惠帝之愍怀太子，为贾皇后毒死，后惠帝明其冤，为之服丧三年。由此可见六朝人之重丧礼矣。父为长子三年，此礼致明方废。《丧服》历唐至宋不废，明人遵行《丧服》犹较清人为重。惟《丧服》历代有所改变，至清则大误矣。自汉末至六朝，均依《仪礼》无甚出入。唐人始改父在为母齐衰三年。在《仪礼》有曾祖服，而无高祖服。唐人加高祖之服三月，曾祖改为五月。其不改者，如妇为舅姑，父为长子。至宋则妇为舅姑，与子为父同，其误因唐末礼渐不明。妇为舅姑，原为一年除服，惟除服后仍服青缣。照唐《开元礼》，妇为舅姑与为长子同。其后以女可从男服。至五代，妇从子服。当时刘岳《书仪》即改正之。宋初或言丧服应从唐旧，惟魏仁逋言妇子应同服。言子居苫块之中，妇服绮纨之服，不合情理。不知古人苫块，在未葬之前。丧服有变除，三月既葬，即不在苫块。期年即外寝，大祥即禫服。期年后，子已不在苫块之中。青缣亦非绮纨之服，仁逋皆不知，遂改妇与子同服矣。子为父惟有斩衰（斩衰下边不缉）而无齐衰。古人重父轻母，女子不贰斩，出嫁后为夫斩衰。子为父为斩衰，为长子亦为斩衰，明太祖改之。古人丧虽同服，而有降服、正服、义服之别。出嫁之女，为父为降服。（同斩衰，而麻有粗细不同；《丧服》记“为父三升，二百四十缕”。）父在为母为降服齐衰四升（三百二十缕）；臣为君为义服（三升半）；妇为舅姑为义服（六升）；子为父及为自己兄弟为正服（兄弟期服五升），各有不同父为长子斩衰系义服，与为父斩衰亦有粗细之别。明人则以降服、正服、义服一并废之，实为明人最荒谬之举。明人即无“父为长子斩衰”之服。又如古人为庶母惟缌衰三月，明太祖因爱沈贵妃之故，沈贵妃死，太祖命懿文太子服齐服杖期，太子难之。太祖问礼官，答以古庶母缌衰三月。太祖恨之，照古礼加四等，越小功大功而为齐衰。古人惟“父在为母齐衰杖期”，与出母亦为齐衰杖期，余无齐衰之服。《丧服》慈母与母同，母死，庶母无子，父命之抚育，恩比生母，故与母同。无父命者，仅加一等为小功，至明人庶母与慈母同。又如殇服，古分长殇、中殇、下殇，古人以年二十成冠。（十九至十六为长殇，十五至十二为中殇，十一至八岁为下殇。）以其未成人，改常服降一等为大功。常服有变时，惟殇服无变时，无变者，以其已降服矣。服虽降而恩重比于成人，明人废之，实属荒谬。清人无定制，其初服沿明旧。道光时，又行《大清会典》，古人以女子出嫁，为父降为祖不降，《大清律例》尚如此。大功小功，在《丧服》记为兄弟之服。古人不敢以兄弟之服服祖，《丧服》记仅言为人后者为父母降服，不言降祖。唐《开元礼》以下至明仿之，至《大清会典》祖降为大功，曾祖降为小功，高祖降为缌麻。考《丧服》有至尊旁尊之分，不知《会典》之降服将以为至尊乎？抑以为旁尊乎？旁尊则无服，至尊则不敢降，其谬误甚矣。《仪礼》《丧服》历代相沿，自宋一改，至《大清通礼》则全误矣。今人讣闻虽载“遵礼成服”，实已不知何者为礼矣。今日欲用《丧服》除删尊降压降二条外，即可通行。除《丧服》外，唐《开元礼》尚可勉强应用。因唐人知礼者甚多，虽有改变，尚非有误。宋礼为魏仁逋所定，仁逋原不明礼。明礼为明太祖所自定。清人本无礼制，至《开元礼》虽非古礼，然大体尚与古礼相合。故今日欲保存中国之礼法，当留意于《丧服》与《开元礼》二者。

讲国学当以《孝经》《大学》《儒行》《丧服》四书为统宗。四书所讲，均为修己治人之道，综合四书不过万余字。即欲熟习，亦非难事。此外群经亦须讲习。而四史（《史记》《前汉书》《后汉书》《三国志》）尤为立国之本。今日人嚣嚣以东三省非中国领土，查满州于汉为辽东郡，明则于辽宁一省，置辽东都指挥司于辽东。其组织如今之特别区域，在国联大会之颜惠庆不明东三省是否为中国领土，电讯马相伯，马相伯讯之于予，予抄此二条示之。译成英文，载诸《大陆报》，外人见之，始悟满州早属中国领土。中国人不明中国之历史地理，岂非可笑？故历史地理之学，实为立国之本。明日当为诸君再讲四史以明其为立国之本也。

据《国专季刊》第1期

★此为章太炎1933年5月在无锡国学专门学校的演讲，由张如愈、翁衍桢记录。

论读经有利而无弊

居今而言读经，鲜不遭浅人之侮，然余敢正告国人曰："于今读经，有千利无一弊也。"兹分三段论之：

一、论经学之利；

二、论读经无顽固之弊；

三、论今日一切顽固之弊，反赖读经以救。

一、所谓经学之利者，何也？曰儒家之学，不外修己治人，而经籍所载，无一非修己治人之事。《论语》"兴于诗，立于礼，成于乐"；又"不学诗，无以言；不学礼，无以立"，皆修己之道也。《周易》爻象，太半言修己之道，故孔子称"五十以学《易》，可以无大过"。夫修己之道，古今无二，经籍载之，儒家阐之，时有不同，理无二致。孔子以后，儒分为八，论其归趣，不相乖违。孟、荀二家，论性有别，而祁向攸同。厥后汉儒重行，宋人尚理，或实事求是，或旁参佛、老，要之，不能不以经为本。是故无论政体如何改易，时代如何不同，而修己之道，则亘古如斯；治人则稍异，古今异宜，习俗不同，不得不斟酌损益，至于尽善。吾人读二十五史（《史记》至《清史稿》），法其可法，戒其可戒，非语语尽可取也。《尚书》《周礼》《春秋》，性质与历史为近，读之亦当如是。夫读史之效，在发扬祖德，巩固国本，不读史则不知前人创业之艰难，后人守成之不易，爱国之心，何由而起？

经籍之应入史类而尤重要者，厥维《春秋》。《春秋》三传虽异，而内诸夏外夷狄则一，自有《春秋》，吾国民族之精神乃固，虽亡国者屡，而终能光复旧物，还我河山，此一点爱国心，蟠天际地，旁礴郁积，隐然为一国之主宰，汤火虽烈，赴蹈不辞，是以宋为元灭而朱明起，明为清灭而民国兴。余身预革命，深知民国肇造其最有力者，实历来潜藏人人胸中反清复明之思想也。盖自明社既屋，亭林、船山诸老倡导于前，晚邨、谢山诸公发愤于后，攘夷之说，绵绵不绝，或隐或显，或明或暗，或腾为口说，或著之简册，三百年来，深入人心，民族主义之牢固，几如泰山磐石之不可易，是以辛亥之役，振臂一呼，全国响应，此非收效于内诸夏外夷狄之说而何？方今天方荐瘥，载胥及溺，诸夏阽危，不知胡底。设或经学不废，国性不亡，万一不幸，蹈宋明之覆辙，而民心未死，终有祀夏配天之一日。且今日读经之要，又过往昔，在昔异族文化，低于吾华，故其入主中原，渐为吾化，今则封豕长蛇之逞其毒者，乃千百倍于往日，如我学人，废经不习，忘民族之大闲，则必沦胥以尽，终为奴虏而已矣。有志之士，安得不深长思哉！要之，读经之利有二：一、修己；二、治人。治人之道，虽有取舍，而保持国性实为最要。

二、所谓读经无顽固之弊者，何也？曰经学本无所谓顽固也。谥经学以顽固，盖出诸空疏不学辈之口，彼略识点画，苦于九经、三传之不尽解，而又忝拥皋比，深恐为学子问难所穷，故尽力抹杀，谥以顽固。少年浮躁，利其便己，从而附和，遂至一世波靡，良可愤叹。夫经史本以记朝廷之兴废，政治之得失，善者示以为法，不善者录以为戒，非事事尽可法也。《春秋》褒贬，是非易分，而《尚书》则待人自判，古所谓《书》以道政事者，直举其事，虽元恶大憝所作，不能没也。例如《夏书·五子之歌》序谓“太康失邦，昆弟五人，须于洛汭，作《五子之歌》”。此文已佚，而伪古文有之，载五子作歌之意，甚见忠正。段玉裁《古文尚书撰异》谓“《尚书》不当以歌名篇，盖五子者，当时之亡国大夫也”。屈原《离骚》“启九辨与九歌兮，夏康娱以自纵；不顾难以图后兮，五子用失乎家巷”。《楚语》“士亹曰：尧有丹朱，舜有商均，启有五观，汤在太甲，文王有管、蔡，是五王者，皆元德也，而有奸子”。韦昭注：“五观，启子，太康昆弟也。”观，洛汭之地。据此，则《五子之歌》者，五子往观耳。之，训往；歌、观，声通，故讹也。太康为失国之君，五子为致乱之臣，道太康以畋游者，即此五人，史臣书之，一如《晋书》之纪惠帝与八王耳。又《胤征·序》谓“羲和缅淫，废时乱日，胤往征之，作《胤征》”。《史记·夏本纪》谓，“《胤征》，仲康时作”。伪孔传言“羿废太康而立其弟仲康”。孔颖达正义谓“仲康不能杀羿，必是羿握其权”。然则《胤征》者，羿令之正也。羲和为掌日之官，故后世有后羿射日之说，此事与曹操之灭袁绍、吕布，司马昭之灭诸葛诞无异。《尚书》录之，一如《后汉书》《三国志》之记曹氏、司马氏之事矣。兴废大端，不得不载，岂尽可为法哉？孟子曰：“吾于《武成》，取二三策而已矣，以至仁伐至不仁，何其血之流杵也？”《武成》今佚，据《汉书·律历志》所引，文与今《逸周书·世俘解》略同。观其所言，知“武王伐纣，杀人盈亿”。语虽过甚，要之，总不能尽诬，此与后之项羽伐秦何异？秦已无道，而羽之烧宫室、坑降卒，毒螫所及，更甚于秦，此岂可以为训？而史官书之，所以然者，兴废大端，不得不载也。苟有是非之心，不至如不辨菽麦之童昏，读之无有不知抉择者，孟子言之甚明，何谓读经必致顽固哉？

若夫经国利民，自有原则，经典所论政治，关于抽象者，往往千古不磨，一涉具体，则三代法制，不可行于今者自多。即如封建之制，秦、汉而还，久已废除，亦无人议兴复者，惟三国时曹元首作《六代论》，主众建诸侯，以毗辅王室；及清，王船山、王昆绳、李刚主等亦颇以封建为是，此皆有激而然。曹愤魏世之薄于骨肉，致政归司马；王、李辈则因明社覆亡，无强藩以延一线，故激为是论，若平世则未有主封建者矣。余如陆机《五等论》，精采不属，盖苟炫辞辩，而志不在焉，则不足数已。其次世卿之制，自《公羊》讥议以后，后世无有以为是者。唯晋世贵族用事，盖以九品中正定人材，其弊至于上品无寒门，下品无世族，自然趋入世卿一途，然非有人蓄意主张之也。二千年来，从无以世卿为善而竭力主张之者，有之，惟唐之李德裕。德裕非进士出身，嫉进士入骨，以为进士起自草茅，行多浮薄，宜用仕宦子弟以代之，此则一人之私念，固未有和之者也。又如肉刑之法，自汉文帝后，亦无人昌言复古，王符、崔寔、仲长统之流，颇主严刑，诸葛武侯治蜀，亦主严峻，然均未及肉刑也。惟魏之锺繇、陈群，尝议复之，然群制定魏律，终亦不主肉刑，足知一时之论，亦自知其不可行矣。又如井田之制，秦、汉而后，惟王莽一人行之，诏以天下田为王田，禁民间不得卖买，然卒以致乱。若宋时张子厚行之于乡，要为私人之试验，非朝廷之定制。清初，颜李派之王昆绳、李刚主辈，亦颇有其意。余意王、李辈本以反清为鹄，其所云云，或思借以致乱，造成驱满之机耳。以故满清一代，痛恶主张封建、井田之人。总计三千年来，主张封建、世卿、肉刑、井田者，曹元首、王船山、王昆绳、李刚主、李德裕、锺繇、陈群、王莽、张子厚九人而已。此九人者，除王莽外，或意有偏激，或别含作用，固不可尽斥为顽固；就云顽固，二千年来，亦不过九人而已。

此外尚有一事足资讨论者，则什一之税是已。按十一而税，《春秋》三传及孟子之书，无不以为善制，《公羊》言什一行而颂声作，孟子谓“轻则大貉、小貉，重则大桀、小桀”，以为什一而税，乃税则之中。然汉初什五而税一，文、景减赋，乃三十而税一，自兹以还，依以为准，即今苏、松赋税，最为繁重，然与全国轻税之地平均计算，亦无过三十税一者。（其预征田赋至民国五十年之类之非法行为，破坏国家定制，则未可以为例。）故自汉后税法观之，则什一之税，已为大桀、小桀，前代尊信孟子，不敢昌言驳议，多泛泛释之，然亦从无主张是者，有之，惟王莽一人而已，莽亦卒以致乱，后人引以为戒久矣。

举此五事，以见古今异宜，凡稍能观察时势者，盖无人不知，何得谓读经即入顽固哉？且自明至清末，五百四十年，应试之士，无不读经者，全国为县千四百有余，县有学府，州又有学，为数不下一千六百区，假定每学有生员二百名，以三十年新陈代谢，则此五百四十年中，当有五百四十万读经之人。试问其中主张封建、世卿、肉刑、井田、什一之税者有几人哉？上述九人，生明代以后者，仅三人耳。试问此三人之力，能变易天下之耳目耶？能左右政治之设施耶？况其云云，复各有作用在乎？夫无证验而必之者，非愚即诬。今谓读经为顽固，证于何有？验于何有？且读经而至于顽固，事亦非易，正如僧徒学佛，走入魔道者，固不数数见也，何为因噎废食而预为之防哉？

三、所谓今日一切顽固之弊，反赖读经以救者，何也？曰有知识之顽固者，泥古不化之谓也；有情志之顽固者，则在别树阶级，不与齐民同群，声音颜色，拒人于千里之外也。夫知识之顽固易开，而情志之顽固难料，信如是，则今日学校毕业之士，其能免于顽固之诮者几希！吾观乡邑子弟，负笈城市，见其物质文明，远胜故乡，归则亲戚故旧，无一可以入目。

又，上之则入都出洋，视域既广，气矜愈隆，总觉以前所历，无足称道，以前所亲，无足爱慕，惟少数同学，可与往还，舍此，则举国皆如鸟兽，不可同群，此其别树阶级，拒人千里，非顽固而何？昔日士人，涵泳诗书，胸次宽博，从无此等现象，何者？“君子忧道不忧贫，士志于道，而耻恶衣恶食者，未足与议”；“衣敝缊袍，与衣狐貉者立而不耻”（均见《论语》），此等言语，濡染既久，虽慕富贵、患贫贱之心不能遽绝，而自有以维系之也。若夫盐商子弟，无过人之才，恃钱刀之力，纳赀入官，小则州县，大则道员，顾盼骄人，俨然自命为官长，此最顽固之甚者，而人之嗤之者众矣。然如此者，为数亦不甚多，非若今之学校，每年必铸造数千百人也。非直如是，今者新奇之说，流为格言，日驱人于顽固而不返者，曰“发展个性也”，曰“打倒偶像也”。发展个性，则所趣止于声色货利，而礼义廉耻一切可以不顾；打倒偶像者，凡一切有名无形者，皆以偶像观之，若国家，若政治，若法律，若道德，无往而非偶像者，亦无往而不可打倒者。洵若是，则于禽兽奚择焉？世以是乱，国以是危，而种族亦将以是而灭亡矣。今学校之弊，既至如此，而国家岁费巨亿，以育人材，卒造成特殊之盐商子弟，长此以往，宁堪设想？论者不自病其顽固，而反惧经学之致顽固乎？

余以为救之之道，舍读经末由。盖即前者所举《论语》三事，已可陶熔百千万人。夫如是，则可以处社会，可以理国家，民族于以立，风气于以正。一切顽固之弊，不革而自祛，此余所以谓有千利无一弊也。质之诸君，以为然耶、否耶？

据《大公报》1935年6月15—16日

*此为章太炎1935年4月在苏州章氏星期演讲会的演讲，由王謇等记录。

再释读经之异议

读经之要，前既详言之矣。而世人复有不明大义，多方非难者。夫正论不彰，异议乃滋，深恐歧说恣行，有误后进，不得已复为此讲。此讲约分三端：

一、驳国家开创之初无须经学，经学兴于衰世，且讲经学者多行为不端之谬。

二、斥胡适以经训不甚了然，谓我们今日还不配读经之鄙。

三、释读经应遵古文乎，今文乎之疑。

今逐条剖析如左：

一、国家开创之初，固自不赖经学。盖开创恃兵，兵略自有专家，非经训所能为力。昔叔孙通背楚归汉，汉王方蒙矢石争天下，通所进者，皆群盗壮士，其徒因窃骂。通曰：诸生宁能斗乎？（见《史记·叔孙通传》）由此可知士人苟不能执干戈，列行伍，自不能与开创之业。非徒经学鲜用，亦正不须用普通大学之讲义也。观民国开创之初，曾用大学讲义否耶？经学本非专为开创国家，其所包含，固甚远大，不应以一端限之。如云开创不用经学，即谓经学无用，然则大学讲义，果有用否耶？草泽英雄，与陆军大学生，作如此说，尚不足怪。彼身居普通大学而为此言，岂非作法自毙乎？若谓经学之兴，皆在衰世。此亦非实。汉文、景时，国势艾安，虽用黄老，已知命晁错受经于伏生。武帝时，立五经博士，经学大盛，国势亦蒸蒸日上。如云汉武阳用经术而阴则背之，亦未见其然。汉武制礼作乐，虽属装点门面，然汉自高祖至武帝初年，宰相皆列侯任之，绝无起自民间者，武帝拔公孙弘于布衣之中，一反以前相必列侯之局。弘之为人，虽不能比伊尹、傅说，然规模实胜前相。夫废世卿，举侧陋，安得谓与经术无关？岂可云汉武所为皆伪也？至宣帝时，石渠议礼，经术大兴，而宣帝教子之言，云汉家自有制度，本以霸王道杂之。（见《汉书·元帝纪》）王者周政，儒学之常法，霸者汉律，施行之权宜。宣帝不纯用儒术，然云杂之，则固用其半矣。及元帝柔仁好儒，世以为汉衰之兆。其实元帝时膺惩戎狄，威力尚盛。陈汤斩郅支单于，即在此时。夫国之兴衰有二：一为内政之衰，其果则权臣篡窃；一为国力之衰，其果则异族侵凌。秦用法律，汉用经术，其后皆为本国人所亡，亡者独在嬴氏、刘氏，斯乃一家之衰，非全国之衰也。是后唐用经术，国势亦自开张，孔颖达等定《五经正义》，在贞观全盛之时。今有意抹杀，猥谓明皇注《孝经》而唐即中衰，不思明皇注《孝经》，乃偶然之事，较之定《五经正义》，巨细宁止天渊？何以不举前事独举后事邪？且明皇之失国，自由内任权奸，外信蕃将使然，究与注《孝经》何涉？以注《孝经》卜唐之衰，是即《五行志》灾异之说，岂可用哉？宋立学校，在仁宗时，胡安定辈即于是时显名。若宋之衰，则在神宗以后，仁宗时固未衰也。明用《五经》取士，末世虽时起党争（神宗以前尚无党争），然东林与非东林之争，其鹄的在政治，不在学术。即不用儒术，政治上之事实具在，当时亦必引起争端。近观民国初载，国会议员之争，亦甚剧烈矣，斯岂因经学致然？然则，明之亡，虽由于党争，而党争本无关于经术、儒术也。余详察全史，觉提倡经学致国势衰颓，实为子虚乌有之事。不知今之人何所见而云然？至于人之操行，本难一致，无论提倡何种学说，其流有善士，亦必兼有凶人。评议之士，不应以一人之操行不端，抹杀诸多善良之士。汉重经术，在位之人，固有匡衡、张禹、孔光辈之阘茸无能，然亦有魏相、师丹之守正不阿。今人乃举明末洪承畴、钱谦益事，以归咎经学，无论洪与钱皆无当儒术，即以为儒，亦岂能以一二人之短，掩数十百人之长哉？洪承畴以知兵任用，稍有历史知识者皆知之，不知何所见而称之曰负理学重望也？钱本文人，不事经学，即以钱论，其人自身失节则信矣，而明之亡也，岂钱氏为之哉？况钱之弟子瞿式耜、郑成功等，亡国之后，志节皎然，尚能支持半壁，与胡清相抗，何以但论钱氏而遗瞿、郑乎？昔西晋之末，人人皆遗弃《六经》，务为清谈，致西晋之亡者，王衍之属也，何以又讳而不举耶？总之，经学于开创之初，关系较少，而于光复之关系则深。此意前已明言，若无《春秋》夷夏之防，宋亡则朱明不能起，明亡则民国不能兴矣。

上所云云，多就消极方面言之。至于积极方面，儒者身居上位，而功业卓著者，亦难更仆。约举之，则西汉宣帝时，魏相以明《周易》显闻，卒能废黜霍氏，致中兴之盛。哀帝时，师丹虽无大效，然守正自持，四方瞻印。后汉袁安，始则平反楚狱，后则力抗窦氏，为世所称。其后杨震、杨秉、杨赐，三世立朝，皆称清正，震尝有"关西孔子"之目。安帝以后，外戚、宦官，更互用事，其能独立不倚，使正人犹有所恃者，非杨氏三世之力乎？三国时魏、蜀任法，吴独任儒，顾雍德量，殊绝于人。陆逊反对先刑后礼，武功卓著而外，亦以相业见称。此后南北纷争，无足称述。至唐，魏徵以儒家佐太宗成太平之业，观徵所著书，《群书治要》而外，因《小戴礼》综汇不伦，更作《类礼》二十篇，盖纯乎其为经术之士也。尝侍宴，太宗奏破阵武德舞，徵俯首不顾，至庆善舞，则谛玩无斁。又，太宗宴群臣积翠池，酣乐赋诗，徵赋西汉，其卒章曰："终藉叔孙礼，方知皇帝尊。"太宗曰："徵言未尝不约我以礼。"（均见《唐书》本传）其以儒术致太平，厥功最伟。其后则有杨绾，以清德化俗，郭子仪在邠州行营，方大会，闻绾除平章事，即散音乐五之四，其他闻风而靡者，不可胜纪。（见《唐书》本传）惜为相数月即卒，致有天不使朕致太平之叹。其后陆贽亦以儒术相德宗，所传奏议，人称"唐孟子"。德宗两度蒙尘，如无陆贽为之斡旋，恐已覆于朱泚、李怀光之手矣。其次，复有一人，勋业虽不逮上列诸公，而支持残败，不为无功，则郑覃是也。覃相文宗，以经术治国（唐石经即覃所立），甘露之变，仇士良尽诛宰相，覃起继之，士良不致大为患者，覃之力也。若宋时赵普以半部《论语》治天下，语或欺人，可以不论。而李沆为相，常读《论语》，或问之，沆曰：沆为宰相，如《论语》中节用爱人，使民以时，尚未能行，圣人之言，终身诵之可也。（见《宋史》本传）宋初之治，李沆之力最多。沆所行与曹参为近，人或上书言事，沆多罢之，然参本黄、老，沆本《论语》，则所宗稍异矣。李沆之后，则有范文正仲淹，文正以气节开理学之先，才兼文武，尚未能终其用，其所奖拔之富弼，亦于外交有力。其后温公司马光出，本经学儒术，为时名相。惜居位日浅，不及一年而卒，未能大展其学。至明，相之贤者，首推三杨，然皆文士，无关儒术。孝宗时，刘健与徐溥、李东阳并称贤相，而健功更高。孝宗一代之治，健之力为多。其后徐阶以王学绪余，卒覆分宜，取嘉靖四十余年之苛政，一切改从宽大，人有中兴之颂。后之论者，虽归功张居正，实则徐阶导其先路。况居正又徐阶所引进者耶?

以上历举深明经义，通达儒术之贤相十有八入，西汉则魏相、师丹，东汉则袁安、杨震、杨秉、杨赐，吴则顾雍、陆逊，唐则魏徵、杨绾、陆贽、郑覃，宋则李沆、范仲淹、富弼、司马光，明则刘健、徐阶。此十八相者，天才有高下，际遇有盛衰，在位有久暂，然每一人出，必有一人之功用。其功烈最伟尤足称道者，治致太平，则魏徵、李沆、刘健；拨乱除佞，则魏相、徐阶；支持残败，则陆贽、郑覃、司马光。岂得谓明经术者皆无用哉？外此，不在相位而立大功者，则有魏之吴起，晋之杜预，明之刘基、王守仁、唐顺之等。吴起受业曾子，又传《左氏春秋》，虽行义未醇，而政治兵事，皆为魁桀，惜所辅非一统之主，遇谗被杀，卒未大显。杜预专治《春秋》，人称“左癖”，而平吴之功，为晋代开国之基。宋之理学，永嘉、永康两派合流而成有明开国之刘基，基之功，尽人所知，无待赘论。其以理学兼战功之王守仁，与夫继承王学平定倭寇之唐顺之，亦皆赫赫在人耳目。儒家之不在相位而著功绩者如此，又乌得谓其全无用哉？外此，复有经术通明，而仕未大遇者。汉则有贾谊、刘向、龚胜、龚舍，文帝如用贾谊之言，决无七国跋扈之忧。成帝如用刘向之言，决无王氏代兴之变。龚胜、龚舍，不仕王莽，节概亦高。唐则刘蕡，深于《春秋》三传，虽未及第，观其对策，危言切论，深中时病，使文宗用之，必不致有甘露之变。宋则有陈傅良、叶適、魏了翁诸贤，当时果重用陈、叶，南宋犹可复兴，决不致奄奄以尽。魏了翁位高而未亲，亦不能尽其怀抱。如能重用，亦陈、叶之亚矣。如此，儒家之有效者，不下三十人。乌得概以无用诋之？又安得以失节相诬耶？其他不以儒学名家，而有为之士亦多。借问若辈所读何书？亦曰经史而已。以故，但举明末降清之洪、钱二人，以诋儒术，若非有意加诬，则多见其识之陋耳。以上释第一条竟。

二、胡适素未从事经学，然亦略窥高邮王氏《经传释词》《经义述闻》《读书杂志》数书。高邮解经，虽称辨察，要亦未能穷竟。胡适据王国维之言，以为《诗》有十之二三不能解，《书》有十之四五不能解。不能解如何可读？如读，非待全解不可。于此余须问胡适者，如适之言，以为高邮王氏配读经耶？抑不配耶？在高邮诸书既出以后，经文可解者十之七，未出以前，可解者未能及十之五，然高邮当时，未尝曰我不配读经也，奋志为之，成绩遂过前贤远甚。使高邮亦曰我不配读经，则亦终不能解矣。何也？文史之学，本须读过方解，非不读即能遽解也。初，念孙十余岁时，其父聘东原戴氏为师，授以经籍，当时东原教此未冠小生，当然卑无高论，是以东原在日，高邮尚无所知名。及后自加研究，方能发明如此。昔人云：舜何人也，予何人也，有为者亦若是。士苟有志，岂可以通儒之业，独让王氏哉？王国维金石之学、目录之学，粗知梗概，其于经学，本非所长，仅能略具常识而已。其人本无意治经，其言岂可奉为准则！正使国维已言不配，若非自甘暴弃，则亦趣向有殊耳。奉以为宗，何其陋也？要之，说经如垦田然，三年然后成熟。未及三年，一年有一年之获，二年有二年之获。已垦二年，再加工力，自然有全部之获。如未及三年而废，则前之所垦，复归芜弃矣。今袭前人之功，经文可解者已十之七，再加群力之探讨，可解之处，何难由七而至八，由八而至九至十哉？高邮创立其法，而有七成可解。今人沿用其法，更加精审，益以工力，经文必有尽解之一日。设全国有一万人说经，集百人之力，共明一条，则可解者已不少矣。假以时日，如垦田之垦熟过半，再加努力，不难有全部之收成。如已垦二年，所收不过一石，即曰我不配垦田，岂非怠惰已甚乎？《记》曰：“善学者如攻坚木，先其易者，后其节目。”人之精神时日，自有限制，以高邮父子之老寿（念孙九十、引之七十余），其所著书，尚不能解释全经，则精神限之也。然其研究之法具在，喻如开矿，高邮父子因资本不足，中途停顿，后人以资本继之，自可完全采获。如胡适所举杨树达，已有见端。余虽不及前人，自计所得，亦已不少。况全国学人之众哉？若夫运用之妙，本不待全部了解而后可，得其绪余，往往足以润身经国，如垦田然。非待三年全部收成之后，始堪炊食。得三分之二，或三分之一时，亦尽可为炊而果腹也。庄子曰：“鼹鼠饮河，不过满腹。”胡适宁不知此！以上为正告有志研经之士而言。

复有为一般人识字而说者，夫读经非止求其义，亦必审其音，所赖《经典释文》作音正确，即宋儒释经，义或粗疏，而音亦无大误，是以前代老生，略称识字者，皆赖读经之功。若散漫求之，虽标音满纸，当时识之，少逝即遗忘矣。胡适自言我们今日还不配读经，余以为惟其如此，故今日不得不急急读经。我们今日还不配读经一语之下，应补足一句，曰以故今日不得不急急读经。不然，他人纵不配读全经，亦尚配读《毛诗》一句，而胡适于此，恐终身有望尘弗及之叹矣！以上释第二条竟。

三、读经依古文乎，依今文乎？此一问题，不待繁言而解。如论实事求是，自当依古文为准。然今文经传之存于今者，《公》《谷》而外，仅有《孝经》。《孝经》今古文之异不可审知。古文既亡，自然不得不取今文矣。其余杂糅古今文者，则有《论语》（今《集解》本古、齐、鲁、杂）。文虽小异，而大义不至舛驰。《仪礼》亦杂古今文，更于大义无害。若《周易》则用王弼本，弼本费氏。《汉书·艺文志》谓刘向以中古文《易》校施、孟、梁丘经，或脱去无咎悔亡，惟费氏经与古文同，则王弼本亦古文之遗也。《毛诗》向称古文，其书不出壁中，而云古文者，《小序》述事，与《左氏》相应。传中陈述制度，又与《周礼》相应。是所谓古文说耳。《诗》本赖讽诵上口以传，别无古文真本，但取其为古文说可也。《周礼》《春秋》《左氏》皆古文，《尚书》真古文不可见，今文亦不可见，然伪孔本文多依三体石经，说多依王肃，与今文全不相关，故《尚书》去其伪篇，虽非真古文，亦可谓准古文也。此外《小戴礼记》四十九篇，兼采今古，而文字依今文者多。然《仪礼》今存十七篇，天子诸侯之礼，大氐无存，而时于《戴记》见之，不能以其为今文而不采也。今问读经当依古文乎，今文乎？余则谓古文固当遵守，即古今杂糅者，亦有礼失求野之用，况分别古今，研究派别，乃大学之事，不与中学读经同时乎？以上释第三条竟。

祖耿案先生此称第一、二段，专为胡适、傅孟真而发，读者参阅《独立评论》第一四六号，自能判别泾渭，知所适从。至第二段末有词锋过峻处，已请于先生，改从婉讽矣，读者当以意求之。五月二十日，诸祖耿录后附言。

据《章氏星期讲演会记录》第5期，1935年5月

★此为章太炎1935年5月在章氏星期讲演会上的演讲，由王謇、王乘六、吴契宁、诸祖耿记录。

“经义”与“治事”

到这里来，才知道这里是范文正、胡安定讲学之所，在时间上有久长的历史。全国学校像这样有久长的历史的，恐怕数目不多，因此引起我浓厚的感想。

在苏州前辈先生中，范文正当然是第一流人物。所以这次我来讲学，首先提出范文正、顾亭林两位先生，作为立身行己为学做事的标准。此地是范文正、胡安定“过化存诚”之所，当然更须提出来特别讲讲。

当时范文正请胡安定到这里来办理教育，安定首先提出“经义”“治事”两项作为为学的方针，何以不提出“修身”来讲一讲？依我揣测，“经义”可以包括“修身”；就“治事”而论，亦非“修身”不可；所以只须分讲“经义”“治事”两项便好了。

原来学问类别，不外“经义”“治事”两项。“经义”所包甚广？史学亦包括在内，可以说“经义”即是学问全部。至于“治事”，便是所谓办事。有了学问，当然非托之空言，要在见之实行。所以“治事”一项，亦很重要。后来亭林先生对于这两项，可以说兼擅其长；以后的学者，便不能两者俱备了。苏州的经学，向来有名，惠氏父子，可以作为代表；“治事”像冯桂芬之流，亦还可以。不过他们都不能兼擅两者，惠氏只知治经，其余一切不管；冯氏只知在地方上兴利除弊，对于国事，不加过问。这都是他们的短处。当时安定设教，对于“经义”“治事”两项，究竟办法如何？现在无从考见。大约“经义”方面，口说的多，成文的少，所以说经之文不传，传的亦不十分精博。“治事”方面亦无特别事项，给我们知道。只知道他对于礼节的训练非常严厉，记得徐仲车（积）初见安定，头部微微带一些倾侧，安定马上厉声对他说：“头容直。”仲车由此凛然，悟得非但头容要直，心亦要直，这种情形，亭林还有一些儿气味。至于惠、冯，无论“经义”“治事”，都在书本上着力，见之于行事的，已不甚多；对于身心修养上的种种，更不遑顾及了，现在的时世，和往昔不同。但是，所变换的，只是外表的粗迹，至于内在的精义，是亘千载而没有变换的。所以，古未必可废，所看重的，在善于推阐。假使能够发挥他的精义，忽略他的粗迹，那末，以前种种，未必无补于现在。

一般人的意见，往往把经学、史学分而为二。其实经是古代的史书，史是近代的经书，二者本来是一致的。我们之所谓“经”，当然和耶、佛、天方不同。我们之所谓“经”，等于现代一般人所说的“线装书”。线装书上所记载的是非美恶、成败利钝，在在和现在有关，我们不得不去注意。《尚书》当然是史；《礼》经、《乐》书，等于史中之志；《春秋》便是史中纪传，不过当时分散各处，体例未备，到司马子长作《史记》，才合而为一，有纪有传，有志有书。所以，史即经，经即史，没有什么分别。现在我们假如单单讲经，好像没有用处；单单讲史，亦容易心粗气浮。所以，我的意思，非把两者合而为一不可。研究经的方法，先求训诂文义，进一步再探求他事实上的是非得失。至于如何应用？那末，运用之妙，存乎一心，在于各人的自得。而且时势不同，应付亦异，这是讲不了的。

在现在学校制度之下，经能讲，史不能讲。这因为学校制度根本不完善的缘故。经的书本少，讲来还不困难；但是在现在的大学里面，还只能讲一些概论之类。至于史，总数几乎二三十倍于经，卷帙繁多，如何讲得，于是不得不取巧一些，讲一些研究法。其实这根本是欺人之谈。试问未看全书，所谓研究，何从说起？我以为史的文理易明，不像经的训诂难通。费三年之功，一部廿四史，即可看全。这一门，宜于自修，不宜于讲堂上讲解。所以，我以为现在学校，有两件事应当认真去做，一是由学生自修，一是请教师讲解。一种学问，先后有条理可寻，非先通一关，第二关决难通过的，这一种，非请教师讲解不可，譬如各种科学，以及以前所谓“小学”之类都是。至于书籍众多，没有条理可寻，并且他的功用，在乎作用而不在乎条理的，这一种，不须讲解，只须各人自己观览即可。以前的学校，叫做书院，其实相当于现在的图书馆。书院中预备了许多书籍，使得学生可以自由阅览。再聘请一位掌院或山长，常驻院中，遇有疑难，可以请问。这种情形，学生有自得之乐，教师无讲演之劳，在事实上很是合理。假如这一项学问，书虽少而理却深，非经教师讲解，不能明了，这便须采用现在学校的讲授制，师生聚集在一处地方，按照次序讲授去了。所以，我以为学校和图书馆，两者不可偏废。讲求学问的方法，大约不出于这两种。

以上是关于“经义”一方面的话，现在再讲“治事”。“治事”——办事——本是多方面而且极活动的，非实地练习，不能知道处置的方法。譬如要学军事，便须到军队中去，当排长，当连长，假如仅仅在讲堂上读一两种书，试问有什么用处？政事亦然，单靠书本上的智识，不是崇拜着西洋各国情势隔膜的制度，便是拘泥着东方古代早已过去的陈规，总是没有用处。即使自己研究了很深很深，胸中了然，笔下超然，著了许多政治上的书籍，还是无用。为什么呢？因为政治是千头万绪，而且刻刻随了时势环境变化的。譬如现在局势混乱，你若想从政治上着手整理，假如单单依靠自己读书，那末即使翻尽《文献通考》之类，还是不知道从什么地方做起。所以政治一项，最要紧的，是亲自埋头干去，在干的中间，积蓄你如何如何的经验，决非在书本上讲堂内，随便看看谈谈，可以了事。况且，时势变迁，现代断然不能复为古代，古代书籍，即使现在看来，句句都好，到底从那一件做起？还是问题，所以，平时读书，只好算积蓄材料，用时还须自己斟酌。譬如商店，资本大，货物多，顾客一到，可以从容应付。假如守着一两种书，便以为天经地义，牢不可破，这种固执不化的情形，怎样可以通方致远？所以，关于“治事”一项，学校教师，应当领导学生，亲自干去，在干的中间，求得切实的经验。学生不但应当在教师堂上听讲，在自己室内看书，还须多做游历的工夫。以中国而论，地方大，风俗异，此地相宜，那边不相宜，这样情形，书上记载简略，非实地考察，断乎不能了然。关于“治事”，我以为应得如此做去。假如不能，充其极，亦不过做到冯桂芬之流而已。

一个人要兼擅“经义”——学问，“治事”——办事两者，是不容易的。前面所讲的顾亭林，还只能做到六七分，不能说完全做到。他讲到学问，总是经和史连讲；讲到“治事”，非但明白当代的掌故，走过的地方，亦是不少，以此很能知道各处不同的风俗人情。两种兼擅，方才成功现在我们大家知道的顾亭林，这是很不容易的！

“经义”“治事”两项，实在可以包括一切。但是古代和现在不同，我们当然要把他推广言之。不能守着以前的方法，便算满足。即使现在范文正、胡安定复生，到此地来当校长，做主任，也决计不会守着陈旧的方法，便算满足的。“经义”一门，要推广言之，“治事”一门，也要多想方法。

总之，学校里的教课，固然是学问；自己个人的自修、阅历，亦是学问。走一步，见一人，无往而不是学问。假如单单守着学校里的教课以为学问，那末，一定会得使你感到十二分的缺乏的。以前子路说过：“有民人焉，有社稷焉，何必读书，然后为学？”这话并未讲错。从古到今，有一种人痛恨俗吏，痛恨官僚，但是自己讲论政治多年，一旦担任职务，往往不能及到他们。这个原因，便是一在空论，一在实习。所以，我以为讲到实用，学问不过占三分之一的力量，三分之二的力量是靠自己的练习。子路的话，并未说错，不过略嫌过分一些罢了。以前安定设教，“经义”之外，另外提出“治事”一项，这是他独具只眼的所在。现在我们不知道他当时如何办法？或者当时出校以后，更有补救的方法，亦未可知。否则“治事”是教不完的。

因为此地是安定首先提出“经义”“治事”两大类别的地方，所以我今天才如此的讲。总而言之，现在教育的界限要放宽，那末才可以完成九百年来这两句话的大用处。

据《苏中校刊》第68期

*此为章太炎1932年9月21日在苏州中学的演讲，由吴大琨、陆希龄、蒋锡琴记录，诸祖耿补录审定。

述今古文之源流及其异同

《汉书·艺文志》载今古文源流甚详。《易》为卜筮之书，秦所不燔，汉兴藏诸内府，为中古文，自商瞿以至田何，传者不绝。宣、元之间，传《易》者有施仇、孟喜、梁丘贺氏，由是有施、孟、梁丘之学焉。于时民间别有费直、高相二家之说。及刘向以中古文《易经》校施、孟、梁丘经，或脱去无咎悔亡，惟费氏经与古文同。

《尚书》最残缺，百篇自秦燔之后，伏生所传，仅得二十九篇，以传张生、欧阳生二家。张生授夏侯都尉，都尉传族子始昌。昭、宣之间，欧阳、大小夏侯氏立于学官，是为《今文尚书》。迨孔安国得壁中《尚书》，以考二十九篇，得多十六篇，是为《古文尚书》。东汉杜林传《古文尚书》，贾逵为训，马融作传，郑玄注解，由是《古文尚书》遂显于世。

《诗》不应有今古之分，盖三百篇遭秦而全，以其里巷讽诵，不独在竹帛故也。所谓今文者，即鲁、齐、韩三家。鲁申公为训故，齐辕固、燕韩婴皆为之传，《韩诗》最后出，三家皆列于学官。同时毛公为河间献王博士，自谓得子夏所传，其序与《左传》《周礼》相应，故称古文。

《周礼》皆古文。汉景帝时，河间献王好古，得《古礼》献之。

《仪礼》篇目多少不可知。汉兴有鲁高堂生传《士礼》十七篇，谓之今文。其鲁淹中所出五十六篇，谓之古文。

《礼记》本亦古文。《汉书·艺文志》有《礼》百三十一篇，注七十子后学者所记也。戴德删《古礼》为八十五篇，谓之《大戴礼》；戴胜复删《大戴礼》为四十九篇，是谓《小戴礼》。《小戴礼》颇杂古今文，《大戴礼》与古为近。

《春秋左氏》古文，《公》《谷》今文。《左氏》分每公为一卷，凡十二卷，《公》《谷》以闵附庄，为十一卷。王充《论衡》云：《春秋》经得于孔壁，汉张苍传《左氏》学，《公》《谷》皆口传，汉胡毋生始传《公羊》，《穀梁》何时出不可知。《汉书·儒林传》云："瑕丘江公受《穀梁春秋》及《诗》于鲁申公。"知申公亦治《穀梁》。

王充《论衡》引《论语》有数十百篇，今存二十一篇，亦孔壁所出，谓之古文。汉有《鲁论》《齐论》，谓之今文。古文有两《子张》篇，其篇次不与齐、鲁论同。东汉马融传古文，郑玄以古文校《鲁论》，为之注焉。

《孝经》十八章，汉长孙氏、江翁、后苍、翼奉四家传之，谓之今文；孔壁所出二十二章，谓之古文。东汉郑玄沿马融古文《孝经》传为注，唐人颇疑之。

《尔雅》无今古文。

汉后传授既明，今欲明别古文。惟《周礼》为纯古文，《左传》亦古文，余均错杂。《易》自孔子传商瞿至汉田何，下逮施、孟、梁丘三家，皆今文也。汉时《易》中古文以通行故不贵，自刘向校费氏《易》多无咎悔亡，古文遂显。《说文·序》以孟氏为古文，京房尝从孟氏问《易》，然京氏句说，长于灾异。费氏《易》亦无章句，徒以《彖》《象》《系辞》《文言》解说《上下经》，然与京氏说亦异。东汉荀爽、刘表、马融、郑玄并传费氏《易》，刘说不可见，马说亦不多，今传者惟荀、郑二家之说。

《尚书》自伏生传今文授欧阳、张生二家，其间孔安国得壁中书，称古文家，然孔氏未得之先，已为博士，亦传《尚书》，兒宽传欧阳《尚书》，宽又从孔安国受业。然孔氏为申公弟子，未为伏生弟子，或申公亦传《尚书》，孔氏所得非伏生传授甚明。汉高祖答陆贾语“安事《诗》《书》”，可见汉初《书》已通行。又娄敬所说颇引《泰誓》中语，使《尚书》未传，何由引据？贾谊能诵《诗》《书》，谊洛阳人，当非伏生所传，可见汉初传《书》者，非伏生一人。清段玉裁著《古文尚书撰异》，分理最晰，然于孔安国所传今文何自，曾未及之。意三家《尚书》本于伏生之说，亦未可恃。今以今文分伏生、孔安国两家，较为可据。

三家传《诗》，惟《鲁诗》知申公传自浮邱伯，浮邱伯传自荀子，齐、韩二家，不知所传。鲁、韩二家，传久不相异。《齐诗》自后苍授翼奉及萧望之、匡衡，匡说颇平正，翼说多离奇。惟《毛诗》传授不同，自谓出于子夏，后人颇疑及之。然《毛诗》小传合《左传》，训诂合《尔雅》，典章制度合《周礼》，可为古文明证。至郑笺《毛诗》，则今古文错杂矣。

《周礼》无今文，亦不错杂。《仪礼》五十六篇以外不可见，其十七篇，郑《注》但言古文从某无所异。后苍今文《礼》之说，后亦不行。今说《仪礼》者，今古文不分矣。《礼记》颇错杂古今文，如《月令》《明堂》诸篇，经马融采《大戴礼》，似近古文，然已残缺。今言《三礼》，惟《礼记》最为难解。

《春秋》传授，见于刘向《别录》。汉张苍、贾谊、贯长卿、张禹递有传授，然当时所传经传皆古文，不易读。《左氏》有大义而无条例，言条例始于刘歆。歆传贾逵等，至晋杜预举刘歆、贾逵、许淑、颖容四家条例为《春秋释例》。自刘、贾、许、颖出而今古文混淆。于时《公羊》先列学官，《左氏》未列学官，不得不附会《公羊》，冀列学官。《穀梁》后出，虽未见《左传》，而《史记》所载《铎氏微》，容或见之。如《左传》"公矢鱼于棠"，《穀梁》改"矢"为"观"，此其明证。传《公羊》者多，《穀梁》者少。然《公羊》亦多错杂，如《左氏》言弑君三十六，据《春秋经》无此数，清王引之以为二十六，董仲舒亦言三十六，此亦可见其错杂矣。汉自宣、元以后，治《左传》者兼治《穀梁》，与《公羊》互相排斥，至东汉两家更如水火。何休《解诂》，排斥严、颜二家，以二家有《左氏》说，然何氏间亦采取《左传》，此所谓实与而名不与也。

《论语》先有古文，后有今文。传《古论》者，汉独马融一人。何晏《集解》所载孔安国注，皆三国时人伪造。郑玄解《论语》，以齐、古两论考定《鲁论》，郑所云从古者，非真从古，当即从马说耳。《鲁论》最为难解，或即古文真本，其说详余所著《广论语骈枝》中。

《孝经》只存今文。郑《注》唐时犹及见之。唐时又见孔安国《孝经传》。司马贞以郑书目录中无《孝经》，今郑《注》得自日本。又《群经治要》亦引及之，可证唐以前确有是书。《孝经》古文不可知，即今文有错杂，亦不可知矣。

★由潘景郑记录，载《国学论衡》第二期，一九三三年十二月一日出版。

讲学大旨与《孝经》要义

余往昔在北京、日本等处，亦曾讲学，所讲与今日学校中讲授者无殊，但较为精细而已。今昔时代不同，今日之讲学，不如往昔矣。第一只须教人不将旧道德尽废，若欲学者冥心独往，过求高深，则尚非其时，故余今日之讲学，与往昔稍异其趣。惟讲学贵有宗旨，教人不将旧道德尽废者，亦即教人“如何为人”之宗旨而已。为人之道亦多矣，如宋儒教人如何静坐，如何精修之语甚夥，余虽不反对，却不愿如此说，因高谈性命，似觉宽泛，概说做人，亦无着落。今日听讲者，多为苏州人，故余即于近处取譬，姑举苏州已往二位人物，作为听讲者之模范。一、范文正，二、顾亭林。此二人者，求之今日，真如凤毛麟角，余亦因之不能不一讲二公之道德、学问、事业，俾学者共勉焉。

范文正 文正平生，无致力于理学之名，惟彼提倡理学，不遗余力，当时一辈理学师儒，颇多受渠汲引者。盖五代宋初之际，风俗败坏，人格堕落，文正蹙然忧之，力倡气节，缘文正于军事政治等为全才，而志行抱负亦独高也。自来讲求气节之士，往往不易与人和合，空山寂寞，孤行独往，不为世合，而又不苟合于世，比比皆然。惟文正则不然，温温自处，休休有容，人既不见嫉，世亦不为怪，性格豪迈，绰有才调，此儒者而具豪杰之风者也。儒而豪侠，固无妨于儒。当宋之时，范文正与司马温公先后齐名，司马公之学问，固精博矣，惟不无掷节太甚之处。时有人因欲纳妾，乞借钱五百千于司马，既不借贷，又以洋洋千余言之长函覆之，自述清贫，使人难受，此事正司马公所独短。若文正则渊渊之度，汪汪之量，所谓先天下之忧而忧，后天下之乐而乐，与司马公之建独乐园，专以自娱者，志趣甚异。惟宋儒讲理学，得司马公之风者独多，得范文正公之风者绝少，故宋儒做事，恒做不开。吾人追慕宋贤，如以范文正公一派为模范，则庶几有益于世道矣。

顾亭林　亭林先生学问博大，儒而兼侠，一切均务平实，做事亦颇举得起，即垦荒事业，彼亦能为。考其行事，与宋之迂儒不同，即与范文正亦非全同，学者试一比较，即可知我说之不谬也。当清之时，学者都贱视六朝人，亭林独不谓然，而推崇六朝人之崇尚礼法，其见识之远大可见矣。今日举世毁法灭礼，而苏州士人尚能保存礼教，此风得之于亭林先生之遗教者独厚，惟苏州今日尚无亭林其人。即以中国之大，亦迄无亭林者挺生于世，此所以中国之祸乱，日甚一日而不已也。顾氏精警博大之著作，有《日知录》《天下郡国利病书》等。但我人今日尚谈不到精研学术，只能将顾氏“博学以文，行己有耻”二语提出，其第二语，勉力躬行，正今日做人之要旨也。

做人根本，究竟何在？研究做人之根本书，又有何种？其实不外《论语》一部。《论语》之外，当为《孝经》，余则《礼记》中《大学》篇、《儒行》篇与《仪礼》中之《丧服》篇尚已。《论语》为做人之根本书籍，不读《论语》，真如终身长夜。《孝经》为经中之纲领，在昔学人，最重视之，今则为一辈“讲新道德者”与“提倡家庭革命者”所反对。惟《孝经》所说之语，句句系自天性中来，非空泛者可比，故反对者无论如何激烈，余可断其毫无效用。《大学》一篇，与《中庸》不同，《大学》即太学之谓，所载语平实切身，为脚踏实地之言，与《中庸》牵及天道者有异。我人论学，贵有实际，若纯效宋儒，则恐易流入虚泛。且一言及天，便易流入宗教。基督教处处言天，以“天”之一名辞压倒一切人事，此余辈所不欲言者。《大学》修齐治平之道，有程序，有办法，可为包括修己、治人二大事之书。《儒行》篇在今日尤为重要，儒者，柔也，此种倾向，自来深入人心。因数千年来，儒者专尚谦恭和平，做事处处让步，以退为是，其弊至于奄奄一息，毫无生气，此儒者之大病也。惟《儒行》篇所云，大都慷慨任侠，与庸谨之儒大异。昔宋太宗当新进士及第进谒时，赐以《儒行》一篇。至高宗时乃拟依太宗旧法行之，而拟加赐《中庸》一篇，卒为秘书省正字高闶驳回，以为《儒行》所说，近于七国纵横之言。此言足以代表两宋诸儒意见，盖儒风日趋于懦矣。今观东汉重视《儒行》，类多奇节伟行之士，学风振起，人心刚果。至宋则不然，虽有理学诸师，绝少气魄宏伟之士，不过称为善士而已，等而下之，则不免于乡愿矣。《丧服》一篇，今之学者不注意已久，余必欲提出此篇者，盖“礼教”二字，为今之时流所不言，然《仪礼》十七篇中，多诸侯大夫之礼，本与今日我国之政治制度无干。其纯为士人者，《冠礼》亦久无人用；《昏礼》亦仅存六礼名目；《乡饮酒礼》，前明一代，尚有行之者，清则尚存乡饮大宾之虚号，而未尝行其礼；《士丧礼》虽偶有行之者，然亦不尽依古礼；惟《丧服》则历代改易者甚少。民国以来，交通繁盛之区，染濡欧风，丧服渐废，居丧者仅悬墨纱于臂袖间，以为了事，然此亦仅少数通商口岸之现象耳。以全国论，则内地各处，丧服制度依然存在。且彼等濡染欧风者，讣告上尚赫然书斩衰、齐衰、大功、小功、缌麻之文，是实替而名犹在也，惟此一事，今尚葆存，然亦几为新学者反对。故余于《丧服》，不得不略事讲述，以告诸学者。

此次余来苏州讲学，仅二十日，二十日内，无论如何讲学，亦难讲尽。故以上余所提出之五种书籍，除《论语》因人人必须诵读，暂不讲解外，余四种书，即《孝经》《大学》《儒行》《丧服》，亦仅讲大意而已。学者于听讲之余，苟有疑难，尽可至余寓所质问。

《孝经》 我国素以《孝经》为修身讲学之根本，教育根源，亦依于此。汉人且以《孝经》为六经之总汇。此书共计一千九百字，字句易读，文理易解，学者大都读过，无烦余之详述。按本经云："夫孝，德之本也，教之所由生也。"中国教育之所以不带宗教意味者，实赖此言。盖《孝经》专言人事，与天道无涉，故我国之教育，完全为"人事教育""实事教育"。试书其义，盖父子系于天性，生来便是如此。古代教育之术，所谓"谨庠序之教，申之以孝弟之义"。宗旨已尽于此，绝不如宗教家之专言"天命""上帝"，科学家之专研"物理""化学"也。然汉人极重孝道，最讲《孝经》。而汉人说经，亦有喜言"天"者，如"天人相与之际"等语。"天"与"人"究有何关系？荀子《天论》篇言之独详，直将“天”之一字，排斥净尽。扬雄云：“通天地人谓之儒，通天地而不通于人谓之技。”其言虽正，尚不免拖泥带水。今观《孝经》“教之所由生”一语，正是专讲人事，何尝论及天地？其云“孝者，天之经也，地之义也，民之行也”，此乃以人之德行，支配天经地义。换言之，即人之德行，实为天经地义是也。然谓《孝经》为六经之总汇者，究于何处见之？按本经云：“先王有至德要道。”先王为谁，郑康成以为禹三王之最先者。其意盖谓自禹以后，政治上之元首，为世袭制，故天子之孝，由此而起。是说也，余不甚谓然。试读《尚书·尧典》与《孝经》首章比较，便不难喻晓矣。《孝经》云：“先王有至德要道，以顺天下，民用和睦，上下无怨。”《尧典》云：“克明俊德，以亲九族；九族既睦，平章百姓；百姓昭明，协和万邦，黎民于变时雍。”“克明俊德”之“俊”字，太史公《五帝本纪》作“驯”字，“驯”与“顺”同。“黎民于变时雍”之“变”字，一作“蕃”，见汉成帝诏书，一作“弁”，见孔宙碑。按《诗》“弁彼鸒斯”，毛《传》：“弁，乐也。”《说文》：“昪，喜乐貌。”“于弁”者，“于乐”也，是解较“于蕃”“于变”为妥。盖上言“协和”，而下言“蕃”，或言“变”，上下不相应，惟言“乐”则相应。此一节，《尧典》与《孝经》对照，恰相吻合。《孝经》为六经大总汇，由此可见。今日世风不变，岂特共产党非孝，一辈新进青年，亦往往非孝。岂知孝者人之天性，天性如此，即尽力压制，亦不能使其灭绝。惟彼辈所恃理由，辄藉口于“反对封建”，由反对封建而反对宗法，由反对宗法而反对家庭，遂致反对孝行。不知家庭先于宗法，非先有宗法而后有家庭。盖有男女而后有夫妇，有夫妇而后有家庭，一夫一妇，即为一家庭，斯时未有宗法也，且无所谓宗法也。一夫一妇一子或多子者，如父尚在，亦仍为一家庭，无所谓宗法也；父死之后，兄弟数人，然后有宗法可言。是故家庭者，不产生于宗法，而宗法者，实为家庭之产物，此不可以不明辨者。今人侈言社会、国家，耻言家庭，因之言反对“孝”。然《孝经》包含之义甚广，所谓“战陈无勇非孝也”，明明直斥一辈见敌不抵抗不为国家效命之徒为不孝。孝之一字，所言至广，岂于社会、国家有碍？且家庭如能打破，人类亲亲之义，相敬相爱之道，泯灭无遗，则社会中之一切组织，势必停顿，社会何在？国家何在？亦不问而可知已。我国儒者之教，一在顺人情，一在有真凭实据。“孝”为人类天性，行之最易，孩提之童，无不知爱其亲，极有证据。明罗近溪尝云，“良知为孟子所明言”，“孩提之童，无不知爱其亲也，及其长也，无不知敬其兄也”二语，即是良知，此言最为精警透辟。又云："孔、孟也是说得无可奈何，只能以孝弟二字为教学之本。"所谓无可奈何者，即谓人所易行、人所共见之事，除孝弟以外，并无他事可以代替耳。

★一九三三年在苏州演讲，由金震记录，载《国学论衡》第二期，一九三三年十二月一日出版。

《大学》大义

《学记》《大学》，均《礼记》之一篇。今舍《学记》而讲《大学》者，《大学》条理清楚，且语语平实，足为今日对症之药也。大学义为太学，与后之国子监相等。太学科目，今不得知。即《大学》一篇，出谁氏手笔？亦无从考求。归之曾参，未见其然。中间偶引曾子之语，此所谓曾子，未必即系曾参。孔门弟子，惟曾参称“子”，盖当时通行之称谓如是，《庄子》《吕氏春秋》均可作证。不但曾参称“曾子”，曾申亦称“曾子”；《檀弓》“穆公问于曾子”；《史记》“吴起受学于曾子”，均系曾申，非曾参也。然则，《大学》所称“曾子”，其为参乎申乎？未可知也。

宋儒表彰《大学》，而杨慈湖非之。《大学》重“正心诚意”，慈湖据《孟子》“必有事焉而勿正心”一语驳之，以为心乌可正？实则《孟子》“正心”之言，意别有指，慈湖据之以驳，意亦非是。汪容甫亦反对《大学》，谓非孔子之道。容甫凡宋儒所言，均力辟之，恐此亦因倡导之力出于宋儒，故反对之耳，于《大学》本身无伤也。

《大学》之旨，不善领会，则弊窦丛生。“致知格物”，七十二家之注，聚讼纷纷，朱晦庵“穷知事物之理”，与正心诚意何涉？无怪王阳明以“洪水猛兽”诋之矣。近人谓“道德由于科学”，与晦庵穷知事物之理而后能正心诚意者何异？必谓致知格物，然后方可诚意正心，则势必反诸禽兽而后已。何者？如云人与兽均为哺乳动物，依此而为穷知事物之理然后正心诚意，则人之行当反于兽之行。非驱圆颅方趾之类，入于獉獉狉狉乎？阳明诋晦庵为洪水猛兽，实则晦庵但知力学服官，并未真实用功于穷知事物之理。所谓穷知事物之理者，仅仅托之空言。今则不然，科学之影响，使人类道德沦亡，不仅托之空言，抑且见之实行，则所谓“洪水猛兽”者，不在晦庵，在今日谈科学而不得其道者也。

“格物”之解释，郑康成与王阳明均未全当。郑注：“所知于善深，则来善物，所知于恶深，则来恶物。”解“格”为“来”，解“物”为“事”，义与“我欲仁，斯仁至矣”相同。阳明“致良知”，“格”字作“正”字解，谓“致良知以正事”诚若康成、阳明之解，则原文当作“致知而后物格”，其为颠倒文义甚明。司马君实谓“何物来即以何物打扫出去”，将“格物”之“格”，解作“格杀勿论”之“格”，与佛家为近；亦非修齐治平之道。是以郑、朱、马、王，义均未谛。惟阳明弟子泰州王艮心斋，以为“格物”即“物有本末”，“致知”即“知所先后”，乃与“诚意正心”相合。窃意“格物致知”之解，当以此为准也。

《大学》三纲，曰“明明德”“亲民”“止至善”。太学所教，目的在此。与《尚书》《孟子》之言吻合。《尚书》云，“百姓不亲，五品不逊，女作司徒，敬敷五教”。《孟子》谓，“三代之学，皆以明人伦；人伦明于上，小民亲于下”。百姓不亲，故教化以亲之；人伦不明，故教化以明之。可知《大学》“亲民”之说，殊合古义。朱晦庵强以“新民”改之，谓与下文《康诰》“作新民”之文合。殊不知《康诰》为殷周革命之书，其意欲使殷之旧民，作周之顺民。《大学》之意，岂强迫他国之民，作己国之民哉？如云以自己之旧民，作现在之新民，则弃旧道德而倡新道德，真“洪水猛兽”矣！

《大学》原无弊病，宋儒颠倒章节，自陷迷阵，解来解去，义即难通。医书中之《伤寒论》，明人亦易其章句，致文义轕。今日本医家，独能知其真相。《大学》晦塞已久，惟阳明为能知其谬妄而遵用古本。实则《大学》文义本明，不必宋人之多事也。

“致知格物”，本为提纲之论，不必过事深求。儒者之道，除修己治人，别无他法。“正心诚意修身”，修己之道也；“齐家治国平天下”，治人之道也。修己治人，包含许多道理，《大学》据之，以分清步骤，岂有高深玄妙之言？所谓“诚意”，不过比之于“如好好色，如恶恶臭”；所谓“正心”，不过谓为“心不在焉，视而不见，听而不闻，食而不知其味”。何高深玄妙之有？宋儒于“明明德”即有“虚灵不昧”等语，语涉神秘，殊非本旨。实则所谓“明明德”者，不过“为人君，止于仁；为人臣，止于敬；为人子，止于孝；为人父，止于慈；与国人交，止于信”而已。所谓“亲民”，即此是也。由今观之，语语平实，何奥妙神秘之有哉？王艮解“止于至善”，谓即明哲保身。按之《大学》全文，殊为乖舛。古来龙逢、比干，何尝如此？此王艮之妄，不可信者！

《大学》所言治国平天下，均为亲民之道。所谓“上老老而民兴孝；上长长而民兴弟；上恤孤而民不悖”者，何一非亲民之道乎？惜乎现代施政，均与相反。秦始皇之凶暴，不致“好恶拂人之性”，其为“好人之所恶，恶人之所好”者，只有现代之政治耳！要之，《大学》论治平之要，不外三端：一即好恶与人同；二为不忌贤才；三为不专务财用。自昔帝皇柄政，忌才者有之，今日虽无帝皇，而忌才之甚，过于往昔。梁元帝、唐德宗、明世宗、明怀宗，可谓忌才矣！然梁元帝遭杀身之祸，将领如王僧辨等，并不忌之。唐德宗初颇忌刻，失败后一革前非，于陆宣公甚见亲信。明世宗晚年仍用徐阶，知其尚能觉悟。明怀宗既殒其身，又亡其国，毕竟尚能任用史可法。宰相忌才，前有李林甫，后有王安石，林甫之于贤才，决不使荷重任；已在位者，务必排挤使去，然并未斥去年幼之李泌。将领后如郭子仪，前如王忠嗣，亦能与以优容。安石与林甫相类，柄政之后，亦不能容朝廷正士，然如司马光、范纯仁等，未见排斥净尽。古来君相忌才者，只此数人，而事实如此。今则并此而无之矣！今日军政首领，于才之高于己者，必挤去以为快；即下位之有才者，亦不能使之安于其位。《大学》之语虽平常，而今人不能及如此！他如“长国家而务财用者，必自小人矣”，《大学》所言，犹是为国家务财用，非藉此敛财自肥者可比。王安石之流，犹不出此！而今之人，假国家之名，行贪婪之实，又出《大学》所讥下矣。以故，“好人之所恶，恶人之所好”；“人之有技妒嫉以恶之”；“长国家而务财用”，只今日之政治有之，自古未之有也！

孙中山氏亦推重《大学》，谓“外人做不出来”，彼之推重，吾不知其故。不知彼所谓好，好在何处？戴传贤亦称说《大学》，而行谊，乃与相反。《大学》之言甚平正，绝无高深玄妙之谈，顾于现代政治，句句如对症之药，以此知《大学》一书，诚哉其不可及也！

大约古人论道经邦，不喜为高深玄妙非常可怪之论，务求平实易行，颠扑不破。宋儒表彰《大学》，用意良是，惜其时时涉及虚无飘渺，与《中庸》相类。《中庸》好言天道，以“赞天地之化育”为政治道德之极致，只可谓为中国之宗教，所不同于耶稣者，讲论天道之后，犹知人事之重要耳。《墨子·天志》言天而不离政治，亦为政教合一之书。持此以较《大学》，《大学》意义平实，只言教学二项，不及高深玄妙。其所谓教，当然非宗教之教；其所谓学，即修已治人之学也。

世之文化先于中国者，有南方之印度；后于中国者，有西方之希腊。进路不同，方向亦异。中国学问，无不以人事为根本。希腊、印度，均以“地”“水”“火”“风”为万物之原素，首即偏重物质，由此演进，为论理学、哲学、科学；为伦理学、政治学。中国开物成务诸圣哲，伏羲、神农，畜牧耕种，事事皆有，然均以人事为根本，不遑精研微末。人事以修己治人为要，故《大学》之教，重是二项。

《大学》之外，又有所谓小学。小学为礼、乐、射、御、书、数。六艺之教，以实用为依归。书、数二项，为童子初学始基。识字布算，固初学之要也。射、御犹今之掷枪、打靶、御马、驾车。礼即礼节之娴习，乐即歌舞之陶冶。二者偏于实习方面，皆以锻炼体格，涵养性情为宗旨。经礼三百，曲礼三千，如何学得完全？乐谱工尺，亦安能肄习空文？以是知二者所教，决非如后人意料中之遍读礼经、乐书也。小学所教，书、数、射、御而外，注重礼乐之实践，均与修身有关如此！至其为学之步骤何如？学后之目的何在？则于《大学》明之。此《大学》之义也。

据《苏中校刊》第68期

*此为章太炎1932年10月在苏州的演讲，由诸祖耿记录。

《儒行》要旨

“儒”之一字，古人解作“柔”字。草昧之初，残杀以为常。教化渐兴，暴戾之气亦渐祛。所谓“柔”者，驯扰之意也。然周初儒字，未必与此同义。《周礼》“师以贤得民，儒以道得民”。贤者道德之谓，道者学问之谓，固非“柔”字之意。司马相如《大人赋》序“列仙之儒”，列仙而可称儒，可见儒为有道术者之通称。利玛窦入中国，人以“西僧”呼之，利曰：“我儒也，非僧也。”此非有道术者得名为儒之证乎?

“儒”之一字，春秋时尚不甚见于称谓，只《论语》有“女为君子儒，毋为小人儒”之语。盖当时九流未兴，不必特别表明。降及七国，九流朋兴，孟子首蒙儒者之名。《庄子·说剑》赵太子请庄周论剑，谓“先生必儒服而见王，事必大逆”。庄周非儒，赵太子称之曰儒。盖古之九流，学术有别，衣服无异。《儒行》孔子见哀公，哀公问：“夫子之服，其儒服与？”孔子对：“丘不知儒服。”以衣服为辨别学术之标准，无意义极矣！此殆孔子不肯承认儒服之故乎？《儒行》所说十五儒，大抵坚苦卓绝，奋厉慷慨。儒专守柔，即生许多弊病。汉张禹、孔光，阉然媚世，均由此故。然此非孔子意也。奇节伟行之提倡，《儒行》一篇，触处皆是。是则有学问而无志节者，亦未得袭取“儒”之名也。

人性本刚，一经教化，便尔驯扰。宗教之作用，即在驯扰人性，以故宗教无不柔者。沙门势利，是佛教之柔；天主、基督教徒，亦带势利，是天主、耶稣之柔。其后之趣于柔固非，其前之主于柔则是。试观南洋婆罗洲人，向无教化，以杀人为当然，男女结婚，聘以人头。人类本性刚暴如此，则不能相养以生，势不得不以教化柔之。然太柔而失其天性，则将并其生存之力而亦失之。以故，国家形成而后，人民不可不保留刚气，以相撑拄。近人病儒者之柔，欲以墨子之道矫之，孙仲容先生首撰《墨子閒诂》以为倡，初意欲施之于用，养成风气，补救萎靡。不意后人专注力于《经》上下、《经说》上下论理学上之研究，致孙氏辈一番救世之心，淹没不彰。然使墨子之说果行，尊天明鬼，使人迷信，充其极，造成宗教上之强国，一如摩哈默德之于天方，则宗教之争，必难幸免。欧洲十字军之祸，行且见之东方。且近人智过往昔，天志压人，未必乐从。以故孙氏辈救世之心，固可敬佩，而揭橥号召，亦未尽善也。窃以为与其提倡墨子，不如提倡《儒行》。《儒行》讲解明白，养成惯习，六国任侠之风，两汉高尚之行，不难见之于今。转弱为强，当可立致。即有流弊，亦不过造成几个为害不甚重大之暴人，较之宗教战争，相去固不可以道里计也。

宋人多反对《儒行》，高闶即其代表。宋人柔退，与《儒行》本非同道。至于近人，以文字上之关系，斥《儒行》为伪，谓非孔子之言。其理由：鲁昭公讳“宋”，凡“宋”皆代以“商”，《儒行》孔子对哀公：“丘少居鲁，长居宋。”孔子不应在哀公前公然言“宋”。殊不知《儒行》一篇，非孔子自著，由于弟子笔录。当时孔子言“宋”言“商”，无蓄音机留以为证，笔记之人，容有出入，安可据以为非？常人读《论语》子路初见孔子，孔子有“君子有勇无义为乱，小人有勇无义为盗”二语，以为孔子不尚武力，以此致疑《儒行》“鸷虫攫搏，不程勇者；引重鼎不程其力”二语。不知卞庄子刺虎，孔子亦称其勇，而弟子澹台灭明曾有斩蛟之举，不过孔子不为而已。《儒行》中复有“其过失可微辨而不可面数也”一语，与“子路人告之以有过则喜”意相反，亦为读者所疑。不知在古人中此等行为，屡有记载。淳于髡讥孟子“在三卿之中，名实未加于上下”。又云“是故，无贤者也，有则髡必识之”。

而孟子则对以“贤者之所为，众人固不识也”。以“众人”二字，反唇相讥，可知孟子确系“可微辩而不可面数”者。宋世理学诸公，朱晦庵主张无极而太极，陆象山反之。二人因起争论，彼此信札，有面红耳赤，声色俱厉之概。二人学问之根本，本不在此，为一二枝叶问题，双方即妄加意气，各不相下，更甚于《儒行》之“可微辨而不可面数”矣。降至清代，毛西河、李天生讨论音韵，西河厉声对天生，天生拔刀向之。二人意气，岂不更甚于晦翁、象山乎？盖儒者本有此一类人，孔子并未加以轻视。十五儒中，有其一种，即可尊贵，非谓十五儒个个须与孔子类也。如此，吾人之疑可解，而但举“宋”字一端，固不足推倒《儒行》矣。

《儒行》十五儒中，亦有以和平为尚者，然不敌坚苦卓绝奋厉慷慨者之多。有一派表面似有可疑，如云“毁方而瓦合”。细绎其意，几与明哲保身，混俗和光相同。然太史公传季布、栾布，二人性质相近，行义亦同，栾布拼命干去，季布卖身为奴。太史公称季布“摧刚为柔”。“摧刚为柔”，即“毁方瓦合”之意。试观张禹、孔光，终身无刚果之事，至于季布一流，前后皆不屈不挠，不过暂时为权宜之计，有谦柔之表示耳。所谓“毁方瓦合”者，谓此也。

细读《儒行》一篇，坚苦奋厉之行，不外高隐、任侠二种。上不臣天子，下不臣诸侯，当孔子时，即有子臧、季札一流人物。至汉，更有严子陵、梁伯鸾等。汉人多让爵，此高隐一流也。至于任侠，在昔与儒似不相容，太史公《游侠列传》有“儒墨皆摈不载”之语，然《周礼·六行》“孝友睦媚任恤”，“任”即任侠之任，可知任侠本不为儒家所废。太史公传信陵、孟尝，颇有微词；于朱家、郭解，即极口称道。良以凭藉势位，易于为力；民间仗义，难于通行，为可实贵耳。《儒行》“合志同方，营道同术，久不相见，闻流言不信”。此即任侠之本。近世毁誉无常，一入政界，更为混殽。报纸所载，类皆不根之谈，于此轻加信从，小则朋友破裂，大则团体分散。人人敦任侠之行，庶几朋友团体，均可保全。此今日之要务也。又有要者，《儒行》所谓“谗谄之民，有比党而危之者，身可危也，而志不可夺也”。又谓“劫之以众，临之以兵，见死不更其守”。此种守道不阿，强毅不屈之精神，今日亦当提倡。诸君试思！当今之世，情况何似？何者为“谗谄之民”？何方欲“比党危之”？吾人鉴于今日之情况，更觉《儒行》之言为有味矣！

十五儒中，类别綦多。以上所举，不过最切要于今日者耳。高隐一层，非所宜于今日；任侠一层，则与民族存亡，非常相关。虽小团体，非此亦不能存在。不可不三致意也！

试以《论语》相较，《论语》载“子路问成人，子曰：若臧武仲之知，公绰之不欲，卞庄子之勇，冉求之艺，文之以礼乐，亦可以为成人矣”。继而曰：“今之成人者何必然？见利思义，见危授命，久要不忘平生之言，亦可以为成人矣。”以今日通行之语言之，所谓成人，即人格完善之意。所谓儒者，亦即人格完善之谓也。“闻流言不信”，非即“久要不忘平生之言”乎？“见死不更其守”，“身可危也而志不可夺也”，非即“见危授命”乎？《论语》《儒行》，本相符合，惟《论语》简约，《儒行》铺张，文字上稍有异趣，然守道之士，乌可以文害辞者？不知宋人何以排斥之也？

东汉人之行为，与《儒行》甚近；宋人去之便远。《后汉书·党锢传》中人物，微嫌标榜太过，不能使吾人俯首；至《独行传》中人，则逖乎远矣！如田子春之居乡，整饬一方，俨然有后世团练之风。曹操征乌桓，迷不得路，赖子春指导，得获大胜。操回，欲以关内侯爵之，子春坚辞不受。此与严子陵不同科，虽不受爵，依然干事，宋人乌能如此！周濂溪、程明道开宋朝一代学风，《儒林》《道学》二传，鲜有奇节伟行之士，一遇危难，亦不能尽力抵抗，较之东汉，相去甚远。大概《儒行》一篇，无高深玄奥之语，其精神汉人均能做到。高隐一流，非所宜于今日，而任侠之风，非提倡不可也。

曩讲《孝经》《大学》，诸君均已听过。鄙意若缺少刚气，即《孝经》《大学》所说，完全做到，犹不足以自立。诸君于此诸书，皆曾读过，窃愿深长思之。

据《苏中校刊》第67期

*此为章太炎1932年9月22日在苏州的演讲，由诸祖耿记录。

《孝经》《大学》《儒行》《丧服》余论

前讲《孝经》《大学》《儒行》《丧服》诸书，尚有不尽之意，今申言之。凡读《孝经》，须参考《大戴礼·王言》篇，盖二书并是孔子对曾子之言。《孝经》言修身，不及政治；《王言》篇专言政治，其云七教可以守国，三至可以征伐，皆是为政之道。《孝经》千九百字，《王言》篇千三百字。《王言》为《大戴礼》之一篇。《孝经》列学官，别为一经，故单行耳。吾谓《孝经》一书，虽不言政治，而其精微处，亦归及政治。《大学》“上老老”一章，其旨在能守国。《王言》篇云“闻三至用贤才而后可以征伐。”今无《王言》一篇，无以羽翼《孝经》矣。今人言有礼有用，古人言内圣外王。《孝经》《王言》二书，可以尽斯旨矣。前讲为人之道，故专论《孝经》。今讲应世之道，故并及之。

读《大学》不过得其纲领而已。《学记》所言何以为学，何以为教，言之甚详。宋儒重《大学》，不重《学记》，意谓《学记》一书，无深奥之义，不过是教人之道。我谓不读《学记》，无以为教，抑无以为学也。

宋儒以《儒行》言刚勇，多夸大之语，如鸷虫攫搏，卞庄子之勇也，孔子亦采之，意谓此篇非孔子所作，不知《大学》亦以知、仁、勇三者并言之。

前讲《丧服》，可据《仪礼·丧服》篇及《开元礼》二书为定例。杜佑《通典》载《开元礼》颇备，又溯唐以前之沿革亦详。吾谓学有根柢者，于《通典》一书，不可不读。清曾国藩推重马端临《文献通考》，实则《通考》远不逮《通典》。《通考》偏于治人，《通典》则长于修己。《通典》论礼居多，盖修己治人兼备矣。

南北朝之世，五胡十六国，纷争扰攘，论政治，上不逮汉，下不如唐，然六朝官吏绝少称臣异族者，不似两宋以还，不难北面而事外夷也。

六朝人重礼教与孝行，《南史》所称孝行，多至毁瘠。其于《丧服》不敢妄议，稍犯清议，终身不能入仕版。宋儒言理学者甚多，而有孝行者，反不若六朝之众。其于《丧服》，亦勉强从事，又不如六朝之谨严。盖学问根柢，远逊六朝人之渊博耳。

今不为腐儒之论，能修己则事尽善矣。所谓修己者，非但一人之修己而已。为政者能人人修己，国斯治矣。《大学》言修齐治平，不言权术。历代史册，所载政治，亦不言权术。吾谓古儒者未尝无权术，但不外见耳。太史公以伊尹、太公、管仲之流，归诸道家。道家非不用权术，但不用诈术。《大学》言诚意，似不为权谋。而结尾有云："此为国，不以利为利，以义为利也。"为利非权术乎？但所言利，为国不为己。此本末一贯而义法不同。宋儒言尧、舜、禹、汤不用术，而后王用术。此真腐儒之论，我未敢信。

孟子轻管仲，而于管仲之权术，未尝不重之，但不明言耳。孟子对齐宣王好色、好货之问，即袭取管子之言。又其对梁惠王问何以利吾国，似不言利，不为权术。而末云："未有仁而遗其亲者也，未有义而后其君者也。"非权术乎？谓孟子而无术，吾亦不信。

董仲舒云："正其谊不谋其利，明其道不计其功。"宋儒服膺此二语。不知董生此言，对江都王而发。董生本意，非必如此。

孟子言伯夷、太公为二老，天下之子归其父焉。萧何言"养贤致民，以图天下"。二语正相似。以孟子言观之，文王之心，与萧何一也。为国谋政，以一国为己任，焉能不谋利计功？若偏于一端，则如宋儒之学，施于政事，便少成功。此正孟子所谓徒善不足以为政也。

《儒行》言人事，《大学》言修齐治平之道，具在篇中，吾故表而出之。

《儒行》一篇，多言气节之士，有勇者居多。今人或言专尚气节，亦不足以为国。此言似是而实非，一国中但有一二人尚气节，于政治何裨乎？

东汉时重儒，故尚气节。东汉内政不修，而外侮不至，一西羌为患，卒为汉灭。曹、刘、孙三国分立，亦无外患，三国人亦多尚气节故也。晋尚清谈，不尚气节，而五胡乱华矣。南宋时，如胡铨辈高唱主战，然一二人何裨于治？或乃讥为虚骄之气。故谋立国者，务尚气节，非但一人有气节，须人人有气节。范文正有气节、有计谋之人，国不重用，何也？尚气节之风不能普遍故也。如清梁鼎芬之流，藉高言以沽名钓誉，欺人适以自欺耳。

宋时有气节者，非特范文正一人而已。文正有气节、有计谋，欧阳修有气节、而无计谋，韩琦气节不如文正，且无计谋。故韩、范同征西夏，范胜而韩败，盖韩不如范矣。文正部属有尹洙者，亦有气节、有计谋之人，以官卑不获重用。文正有才具而无辅佐，其不能成大功宜也。今我国人数四万万，假令有气节者得百之一，亦足以御外侮矣。

古人尚气节，吾观《儒行》篇，不独尚气节，亦尚勇力。古用刀矛，非勇力不能胜。今用枪炮，不须有大勇力。然不耐劳苦，枪炮虽精，亦复何用？东三省之兵械，全国之精锐也。一旦寇至而三省瓦解，此非明证欤？

古人于《儒行》，虽尚勇力，必为辞以遏之，惧其滋暴乱也。孔子答子路："仁者必有勇，勇者不必有仁。"吾谓后世未必然。项王为人，暴戾恣睢，力能扛鼎，然见兵士疾病，则涕泣不食，非勇而有仁乎？汉代游侠之流，亦皆暴戾恣睢。太史公序《游侠传》云："缓急人之所时有也。"今有人绝无勇气，见人患难疾苦，如未之见，惟恐不利于我。此孔、孟所以痛恨乡愿，谓其居之似忠信，行之似廉洁，不仁不勇，乡愿近之。

古人尚勇，以知、仁、勇三字并言。孔子非不勇也，《春秋》《淮南子》俱云，"孔子力能招（训翘）国门之关，而不以力闻"。孔子之勇，盖不形诸外貌耳。孟子言孟施舍、北宫黝之勇以及于己，孟子亦非不勇也。孔子曰："君子有勇而无义为乱，小人有勇而无义为盗。"此一时之言，非定论也。子路好勇，孔子嘉之。故《论语·先进》篇以政事之才归诸子路。

孟子言孟献子有友五人。《国语》孟献子有壮士五人。《春秋传》鲁从晋伐逼阳。狄虒弥、秦堇父、邹人纥三人，皆有勇之士。传言孟氏之臣秦堇父，则秦为孟氏五友之一矣。传言献子称狄虒弥有力如虎，疑狄亦孟氏之臣，惟邹人纥不可知。古时尚勇，亦可概见。吾疑仁者不必勇一语，当是宋儒妄谈，未可依据。今试举二人为例，《晋书》有戴渊、周处二传。戴渊一盗耳，陆机适楚，渊劫之，机说渊折节读书。周处斩蛟刺虎，后亦改行从善。勇者岂无仁乎？明末言理学，专拾宋儒牙慧，不能救国。清颜习斋出，不为谈天说性之妄言。清初有气节者，颜氏一人而已。厥后颜氏一派，推为学宗，惜仅及北方一隅，宗者绝少，为可憾耳。

今言理学各派，清以前分程、朱、陆、王四宗。清以颜（习斋）、李（刚主）为一派，彭（尺木）、罗（台山）为一派，皆与程、朱、陆、王不同。彭、罗所言，间有可取，无裨大用。颜、李则与《儒行》相类，可以东汉儒人喻之。《周礼》言六德、六行、六艺，六艺有射、御，即尚气节与勇力也，惟颜氏能之。今言《儒行》，取法乎上，颜、李可无述矣。

今讲《丧服》，非为空谈，须求实行。苏州礼教风俗，尚未大坏。我观镇江、浙省一带，父母丧而子婚者，虽世家亦有之。自汉至宋，三年之丧无娶妻者，明宪、武二宗即位未及一年，即行大婚。上行下效，自所不免。吾恐不能三年之丧，当自明始。今法虽无明文，然居丧娶妻，习非成是。愿苏士大夫，倡导政革，小民自化矣。

据《制言》第61期

★此为章太炎1932年10月在苏州的演讲，由潘承弼笔录。

论今日切要之学

从前顾亭林先生说过“行己有耻，博学于文”两句话，但是博学于文不如行之实际，而“行己有耻”纯为个人的行为，所以这里暂不讨论。

今日切要之学只有两条道路：（一）求是，（二）致用。求是之学不见得完全可以致用，致用之学也不必完全能够求是。合致用与求是二者冶于一炉，才是今日切要之学。讵今日之学风适反乎此，日惟以考古史、古文字学，表章墨辩之说是尚，反弃目前切要之学而不顾。此风若长，其害殊甚，速矫正，以免遗误于将来。兹先分论其不切要之点如下：

（一）考远古　此虽为求是之学，然不能致用。试观今日一般学者忽于近代之史，而反考证三代以上古史如《山海经》等孳孳不休。正如欧西学者日夜研究古巴比伦、埃及等国的文化，同样的无味。因彼时尚在混沌草昧时期，就是能发现一二种学说，也绝难找出有力的证据来证明他，又何况即便得以证明也不能致用呢？

（二）考古文字　此亦求是而不切要之学也。若今日举国学子欣欣然考证龟甲，研求钟鼎，推求陶瓦，各自以为得。其考证甲骨者则凿凿于某字《说文》作某，钟鼎又作某，某字应读某声，穿凿附会之态较之研究钟鼎者尤为可笑。而不知龟甲之真伪本难分别，何况其证据又薄弱无力！至于钟鼎本系金属，真伪尚易辨别，然考证其文字，终觉无味。其一切考证钟鼎文字之书籍，更须审辨。若宋人之《集古录》《金石录》《博古图》等书，考订本多难据。至清之吴大澂等益加穿凿。然清人考订文字大率沿袭宋人，不知宋人更沿袭何者？夫文字递变，必据有形迹者以为推。假如佐证毫无，而欲妄加揣测，正如外人到中国听戏，纵赏其声调铿锵，而于曲中旨趣则茫乎无所知矣。

（三）考《墨辩》　今日学者，除去染有上述两项风气之外，尚有一种绝不能以之致用的风气，就是考《墨辩》。《墨子》的精华仅在《尚贤》《尚同》《兼爱》《非攻》诸篇。至于《经》上下，《经说》上下，大小《取》诸篇，实《墨子》的枝叶，而考《墨辩》者却矜矜然说某段合乎今日科学界中的电学，某段合于今日科学界之力学，某段合于今日科学界之飞艇、飞机，某段系今日物理学中之定律，某段又是今日化学之先声。似《墨子》的神通，活像今日科学界的开山老祖一样。即使以上诸说能够成立，也不过是繁琐哲学之一流。《庄子》有一句话："窜句游心于坚白同异之间，杨、墨是已。"这样说来，非独墨子是科学专家，杨子又何尝不然呢？《大戴礼》哀公问孔子有小辨之说，则墨子亦小辨之流也，总之其语虽然有是的地方，用起来时却不能致用。所以这班学子虽较考古史、古文字学有用，然终不是今日所需要的。

现代的学者既如上述，若遡及前代治学的人也各有所偏。明代学者知今而不通古，清代学者通古而不知今。所以明人治事的本领胜于清人，虽少年科第足以临民。清之学者考证经史详搜博引，虽为前古所无，惜不谙当代制度，治事的时候，辄来请教于幕僚，所以两朝学者各有所蔽。然明之学者尚能致用，清之学者虽欲致用亦不能也。其所以不能致用者，基于彼等考大体者少，证枝叶者多耳。是明清两代之学，皆非切要，不足为今日所取法也。

今日切要之学是什么？曰历史也。历史之学宜自修，不适于讲授。现代各校不明此理，多于每周规定三四小时，与其他科目同一办法，此甚不然。试问一部正史，欲于每周三四小时内依次讲解，恐至少亦须三十年始能讲毕。即令学生明知史志为今日切要之学，若按时至校听讲而不自修，终必无所获。此外市面上有应时而起的《史学通论》《史学研究法》等，美其名曰节省时间，实无当也。如唐人刘知几之《史通》通释，往复辩论历代史书得失之处，虽甚详明，假使详明更不阅其所论之史书，则《史通》亦为无用，况今日市上之《史学通论》等书，撰著对于所论之书恐尚未尝看过，则其“通论”又那里有丝毫的用处呢？故历史一科之教员应专讲解史志之条例及其中深奥的地方，其余易解之处统由学生去自修。盖研究学问有二法：（一）有必须讲解者，如史学之条例是也。（二）有必须自修者，则史志之全文是也。试观现在各校觍居历史讲座之先生，与茶馆中说评书的有什么分别？其中本领高者仅能讲明历史之大概，劣者虽大概亦不能明也。

现在的青年应当知道自己是什么时候的人，现在的中国是处在什么时期，自己对国家负有什么责任。这一切在史志上面全都可以找到明确的答覆。若是连历史也不清楚，则只觉得眼前混沌万状，人类在那里栖栖皇皇，彼此似无关系，展开地图亦不知何地系我国固有，何地系我国尚存者，何地已被异族侵占？问之茫然无以对者，比比然也，则国之前途岂不危哉！一国之历史正似一家之家谱，其中所载尽已往之事实，此事实即历史也。若一国之历史衰，可占其民族之爱国心亦必衰。盖事实为综错的，繁复的，无一定之规律的；而历史乃归纳此种种事实，分类记载，使阅者得知国家强与弱的原因，战争胜败的远因近因，民族盛衰的变迁，为人生处世所不可须臾离者。历史又如棋谱然，若据棋谱以下棋，善运用之，必操胜算，若熟悉历史，据之以致用，亦无往而不利也。

宋之王荆公与现在国民党之总理孙逸仙均中不明历史之病，王荆公不许人读史志，毁之曰“断烂朝报”，孙逸仙似未精究历史，却也具有王氏之遗风，所以国民政府今日未有令名。王荆公与孙之国民党同因不谙已往之史迹，以致爱国心衰。自王荆公倡不读史未及四十年，而宋亡矣，今民国缔造已二十一年，前后茫茫，亦可惧也。

附庸之国与固有国土本有区别，历史已详告我们。不幸今日上下竟有以附庸视东北三省，而盛唱“弃了东三省”的论调，这就是不明史志的原故，而仅据外人之称东三省为“满洲”，便以为东三省之属于我国乃附属地性质，非本土也。凡稍读史志者便以为其误。考东三省原为中国固有的版图，汉谓之突厥，宋谓之辽金。汉去今日已远，姑不论，即以明清论之，明清两代东三省皆为我国固有之版图，今竟因不明史志而疑固有的国土为附庸之地，其害较不读经书为尤甚，盖不晓得周公、孔子的名字，仅遗忘一二死去的人而已，无关国家之得失，若不晓得历史则几乎茫茫然遗失了东三省千百万方里的土地，其为害驾于经书之上。此语在好高骛远的人全不愿说，他们视历史如同掌故和家谱一样，岂料到关于国家的命脉是这样的大呢？再以开铺店喻之，开铺店若不明该地的掌故习俗，则不出数日必倒闭矣。又如组织家庭，若不看家谱不明世族，则亲疏不分，视其同族若路人，此家未有能兴盛者。今知不看掌故、家谱之害尚如此，其不明史志之害，岂不尤甚于斯欤！故谓历史为掌故亦可，谓之为民族的家谱亦无不可。总之，历史就是我的掌故，我的家谱，他人得之虽然无用，而我不得不备此物，若欲为国效力，这本老家谱是非研究不可。至于运用之法，应注重制度、地域变迁的沿革，治乱之原因。阅之亦甚易，看一句即得一句之经验，非若治军须战略与操练并行也，故其成就亦易，史志之全帙虽繁，读司马光之《资治通鉴》则简而易行。今之青年既知史志为切要矣，当视为新发现之宝物去日夜看他才好！

历史之学不仅今日切要，即在往古亦十分切要。汉时即以六经为史，各有专家传其学，至今因时间之延长，史志遂觉繁多，然此正一完备之棋谱也。若善用之，何往而不利，故其切要尤甚于昔。在汉时可举史志而尽焚之，因彼时棋谱尚未完备，而有人才在，还可以补救时艰。今日则不可，因人才已无，棋谱更不可失矣。

行己有耻，博学于文，是从前的话。今当世界在较任何时期为严重的时候，历史上之陈迹即为爱国心之源泉，致用时之棋谱。其系于一国之兴亡为用尤钜，故史志乃今日切要之学也。

据《中法大学月刊》第5卷第5期

★此为章太炎1932年3月24日在燕京大学的演讲，由王联曾记录，并经黄侃、吴宓审定。

关于史学的演讲

昨日述修己治人之要，因举四书，曰《孝经》，所以教孝道也；曰《大学》，所以总群经也；曰《儒行》，所以历士节也；曰《丧服》，所以广礼教也。今更推广言之，大学求致用，坐而言者必起而能行，斯足为学，言而不能行，学亦浅矣。治学之要，首重历史，见前代而昭已往，斯可见其学也。近代学堂新制，多重口授，口授殊不宜于史学，盖四库之书，史籍最繁，岂口授所可罄哉？且学贵自得，亦非口授所可收效，如二十四史三千余卷，三通六百卷，文不涩奥，学者所可自读。必欲一一口授，则有终身不能尽者；设能自阅，则正史四年可罄，《通鉴》一年可毕。外国道尔顿制，即使学生自习之法，国人虽知其制而行者盖寡。余谓此制施之史学，厥效最伟。或有谓教员惧学生读书过多，致为所难，其言固为过当；然今之授课者，往往将《纲鉴易知录》，粗诵一过，便为良师，师资之不堪至此！则其言亦自可信，《吕氏春秋》有《诬徒》篇，此辈宁非诬徒耶？

乙部分类甚烦，今举其要：如编年，古史也；纪传，正史也；《东观汉记》，别史也；《通典》《通考》记典章制度，贯澈古今者也；而言史者于地理一门，尤为重要，地理不知，则前代战争胜盛衰之迹，尽茫然矣。地理之书，今之可阅者，如唐《元和郡县志》、宋《元丰九域志》，明清均有通志，而顾祖禹《方舆纪要》尤佳。至于地图，则今胜于古矣！奏议亦足补正史之阙，足见当时之政治，后人集古今名人奏议，曰历代名人奏议，皆不可不阅者也。正史二十有四，四年可毕，如求简捷，则可阅四史；再读《通鉴》及《续通鉴》《明通鉴》约共一千卷，每日二卷，五百日足矣。纪事之书既毕则阅典章制度之籍，如《通典》《通考》是。《通典》稍晦，《通考》浅近可阅，然其中亦有不必阅者，如《天文志》等是，但阅其有关政治，考见制度者足矣。共五百卷，每日二卷，不过八月足以尽矣。地理即阅《方舆纪要》，费时半年，可得其概，奏议稍多，然一年亦毕矣，合计之三年有半，一切可以了然，此常人之所能也。列代名人，虽有位跻显贵，而未亲典籍者，然得力于史册者亦众。即以清代言，曾国藩得力于《文献通考》，胡林翼得力于《资治通鉴》，左宗棠得力于《方舆纪要》。夫历史不知，是忘厥祖先，亡国之本也。古之文人，莫不重史，惟宋王安石创新法，而多为先朝行而不验者，惧为人考于古而发其非，故不欲人言史耳！今之不欲人言史者，其亦有王氏之流否耶？波骛奇者，遽求速成，而社会文化，固循矩进化，自知不合于古，故亦禁人言史学，皆学术之蠹也！

毁历史者，以为不殊家谱，不知此即如家谱，亦一国之谱，非一家之谱也。国为天下人之国，谱亦天下之谱。人不自知家谱则不知世系之所出，则于此一国之谱，又乌可忽而不知哉！毁者又曰，“不殊账册”。不知即是账册，亦所以纪产业也。此账册为一国之账册，所纪者，国家之产业，亦人人之产业也，宁知有执产业而不有账册不阅账册者哉！其不可通也明矣！夫为民上者，不欲人言历史，则倡于上者无人矣！为人师者不欲人言历史，则导于前者无人矣！矧学校之制，又不宜于历史耶？中国之史学，益趋销沉，忘国之本者，亦日以多矣！

章氏学诚曰，“六经皆史”，厥言最当。经与史固有密切之关系者也。礼者，一代之典章制度也。《尚书》纪言，《春秋》纪事，左右史之事，固无论矣。《诗》亦史而韵者耳！至于《易经》亦曰史者何也？当生民之初，狉狉獉獉，有天地然后万物生焉。故有屯卦，屯者，物始生也，盖有天地万物，然后有男女夫妇父子君臣上下之别也。生民之初，未有媒聘，男女婚媾，多出虏夺；厥后民智渐开，有如童蒙，故有蒙卦；斯时男女婚媾，以贝相易矣——此后世聘礼之所起也。下为需卦，言酒食之道，已由渔猎而入于耕稼。再后为讼卦，盖民智日启，不能不争，争则讼生矣。斯时犹为部落时代，生殖既繁，争端遂起，乃有兵事，故有师卦，师遇则比，故有比卦。其时虽知稼植不知蓄积，既有师旅，则非有所畜，不可以应，故有小畜。及此而政府之刍形，小小就矣。小蓄之后为履卦，言武人言大君而政府已成。然其时君臣之阶级，尚不如后世之悬殊，泰卦坤上乾下。乾者阳也，居于上之君也；坤者阴也，居于下之民也。坤上乾下，重民意；逮后君益尊，民益贱，乾上坤下，否卦成矣。自屯卦以至于否卦，社会进化之迹，已灼然明矣。则《易经》者，亦不得不谓之史也。而史籍之承经而作也，首自司马《史记》，其本《春秋》者，已自言之矣，他如《礼书》《乐书》本于礼者也；相如之传，录其赋，用《诗经》之意也——赋者古诗之流——则史承经作，亦灼然明矣，此经与史之关系也。

至于诸子与史其关系亦密，道家出自史官——见《史记》——无论矣，儒家亦不必言。法家如《韩非子》最浅，其引历史处极多，法家有一代之家与长久之法家，韩非一代之法家也，亦可谓长久之法家。盖鉴于周末，弑君篡国之事，迭作并兴，国势日危，故严立法律，以绳君臣之分。厥言虽似专制，然以元首专制官吏，非以政府专制人民，与今之民主不悖，亦足见春秋之情形。名家与法家相近，纵横家本外交之事，有关于史。农家无预史矣，然亦为物质缺乏，致有持偏之言，亦足考见当时之社会，故九流中无一不言政治，哲学如庄子，宗教如墨翟，皆言政治，即无一不与史有关也。

中国今日文学之潮流，荒谬极矣，充其极足以乱国家，亡天下！何则？今之学者，喜创新论，而不中于理，不切于事，遂有此弊。厥别有二：一曰与国家有害者，哲学家是也，以哲学家之目光，施于政治，其害最巨。如道家，班氏曰，“人君南面之术”，然终不可以为治，汉用黄、老，并无功效。晋尚清谈，竟以乱国；然晋之清谈，尚不害于礼教，及至后世之哲学家，则每况愈下，放于礼教，以为本于庄子，庄子曷尝有斯言耶？古人谓人当知行方，今则知圆而行亦圆，出乎为人之道矣，吾非谓哲学不可学，惟学者不可其弊耳！中国臻此危急存亡之秋，于事当求其常，而不可危词耸听，以误事也。

二曰与国家无害而有害于史者，则今日之考古家是也，今人未毕正史便奢言考古，考古非不可为，三国谯周有《古史考》，宋苏辙亦作古史，不过以太史公书杂采百家，不尽可征信，乃作此书以考之耳！今之考古者，事事疑之，是疑古矣；疑古未尝不可，但须有疑根，如经之所无，而为俗人流说，其言荒诞，作者误取，遽入史籍，如《史记》记后稷、高祖之生，皆荒诞不经，固不可信，疑之可也。或迭见两书，异同其词，必求得失，斯有一当是，亦可疑，如司马温公作《通鉴考异》是也。乃今之疑古者，无所根据，遽尔相疑，斯真疑而成疾矣。日本有疑尧、舜非真有其人，亦群而和之，不知日人开化，晏于中国。各国开化之有迟早，犹树木开花之有先后，若以为必待日本开化，方可开化，武断二千年前之事为不可有，望空生疑，抑何其可笑耶？又疑禹治洪水，九州之大，非一人可任，此尤可哂！禹之治水，盖总其事，辅之者不知凡几，史举其首，以盖其余耳，何为不可信哉？犹幸此辈不疑孔子，而不知孔子、颜渊，明时已有疑言，以为丘见其高，渊见其深耳，未必有其人也，犹幸此辈不了子史，不敢作此大言也。古学之不经者，虽动人于一时之风气，终不及于远，今之疑古者，害人更甚，厥祸尤烈！考其弊端，不究于史耳。是故吾辈不可不读史，而今日读史者，尤宜考其盛衰之迹，以见其政，用为国者鉴，盖读史固贵见其大也。

据《国专季刊》第1期

★此为章太炎1933年5月在无锡国学专门学校的演讲，由卢景纯记录。

读史与文化复兴之关系

文化二字，涵义至广，遽数不能终其物。方今国步艰难，欲求文化复兴，非从切实方面言之，何能有所程功？

今之学校，学校包罗万有，教师滔滔讲述，学子屏息奉手，其切于自修者阙如。因之历史一科，黉舍中视为无足重轻，所讲者不过一鳞半爪。盖历史书多而理不深，宜自修而不宜听讲，与科学之须口讲者大异。今乃列为口讲之科，则所讲能有几何？于是乙部之书，大都束之高阁。在昔《纲鉴易知录》，学者鄙为“兔园手册子”，今则能读者已为通人，可胜慨叹。盖历史譬一国之账籍，彼夫略有恒产者，孰不家置一簿？按其簿籍而即了然其产业多寡之数。为国民者，岂可不一披自国之账籍乎？以中国幅员之大，历年之久，不读史书及诸地志，何能知其梗概？且历史非第账籍比也，鉴往以知来，援古以证今，此如弈者观谱，旧谱既熟，新局自创。天下事变虽繁，而吾人处之裕如，盖应付之法，昔人言行往往有成例可资参证。史之有益于吾人如此，今乃鄙夷至不屑道，于是国事日棘，而应之者几无不露其捉襟见肘之窘焉。

今且举其一例。试问安南、缅甸、朝鲜，自昔与中国之关系何若？热河、察哈尔、绥远，往昔之情形何若？其能详举以对者，有几人乎？按安南昔与广东、西同称百粤，汉武平南粤，置为日南、九真等郡。自兹以后，安南人之出仕于朝者，代不乏人。直至唐末五代，始渐失去。逮明成祖时，又用兵收回，设交趾省，曾开科取士，未几失去。其人种与广东人无异，语言亦极相似。盖自汉至唐，为中国郡县者一千余年。朝鲜在汉时亦为郡县，即乐浪郡。东晋以后，渐非吾属。人种与满洲相似，称夫余种，而满洲则挹娄种也。缅甸在明时为属云南之土司，即为云南省之一部分。三百年中，屡叛屡征，前有王骥，后有刘綎，《明史》载其战功甚明。此三属国之旧事也。至古代朝鲜所领区域，本兼满洲发祥之地在内，不可不知。满洲称名，明时无有，其族类曰女真。女真族类，计有百余。大别之曰三：（一）建州女真；（二）海西女真；（三）野人女真。所谓满洲发祥之地者，即指建州女真而言。建州即清之兴京，爱新氏之祖先起于是地。其海西女真，散居在铁岭左右。至野人女真，即使犬使鹿之族，鱼皮鞑子之种类也。

若《史记》所称之东胡，乃鲜卑、乌桓等族，常与匈奴相抗，在松花江西北，聚族而居，女真即居其对江。汉之疆土，在东北者，除辽东、西外，尚有玄菟、乐浪等郡。明设辽东都指挥使司，都司东北为兴京，即汉之玄菟郡。《史记》载燕将秦开袭破东胡，东胡却千余里，当时燕境已展至朝鲜矣。汉初，卫满复据朝鲜。至武帝时用兵收回，定为朝鲜四郡，即乐浪、真番、玄菟、苍海是。其后真番、苍海复废，故只存乐浪、玄菟耳。辽东诸地，在唐末又失去。至明时复收辽东，明将熊廷弼与清兵相持于沈阳广宁，广宁即今锦州东北之地，所谓医无闾山者在此也。

热、察、绥三特别区之沿革，兹再约略言之。按北平汉称右北平郡，即今喜峰口左右卢龙、遵化等处，有六县在今长城以外。其平刚即今平泉，白狼乃今凌源，右北平太守即驻于此。曹操北征乌丸，至柳城而还。柳城今之朝阳也。此皆在中国辖境以内，当时并未视为境外。绥远之河套，在汉为朔方郡。河套之北，为秦之九原郡，其东为云中郡。汉之云中郡，包有托克托和林格尔等处。汉有定襄郡，今已不能明指其处，恐即今之察哈尔也。秦起长城，自临洮至辽海，河套以东之郡邑，悉在长城以内。汉境直至河套之北，阴山之下，逮后契丹、蒙古，更迭内侵，疆土日蹙。明代长城南移，于是秦汉之沿边郡邑，在今日观之，似均在塞外矣。察哈尔明称察罕，热河明称朵颜。朵颜地险兵彊，其人乃契丹余种。明成祖放弃大宁卫以与兀良哈等，至明末始折入于建夷。河套在明英宗时为毛里孩等占据，其后杨一清、曾铣、夏言，屡议恢复。于此可见此处在明初确属中国，且明代常遣使宣慰察、绥、热等处，更可证其为我国之辖境矣。此三特别区旧事也。

今更有所谂于诸君者，东省土地广漠，自古汉人即与乌桓、鲜卑等族杂居通婚，而女真人数甚少，明时汉人在东者，有四五百万，至清末而有三千万，女真则不及百万。溯清太祖起兵时，纯粹女真不过数十万。入主中国后，多数带入关内，八大驻防防及京旗，充其量亦不过五六十万。二百年来，渐见同化，至今纯粹满人，不少概见。可见其当初人种不多，否则消灭何至如此之速？故论东省居民，以汉人为最多，满人不过占其百分之一。此极少数之满人，散居三省，殆如湘桂之苗、四川之番、云南之蛮，岂得假民族自决为口实？日人倡言东省满人有五百万，此其有意矫造，绝非事实。而国人亦若有深信不疑者，此则非第不看旧账，且将与张宗昌之三不知无以异矣。以上所言，不过史事之一部分，而今特为提出者，以害在目前，故不惮瘏口也。

从古迄今，事变至赜，处之者有经有权，观其得失而悟其会通，此读史之益也。盖人之阅历广则智识高，智识高则横逆之来无所惴缩。故读史须贯穿一事之本末，细审其症结所在。前因后果，了然胸中。而一代之典章制度，亦须熟谙而详识之。史之为学，恃记性，不全恃悟性，默记暗诵，乃能有得。口讲耳受之功，获益几何？大概读列传每小时可毕一卷，史乘之精要者，计数不过三四千卷。三年之间，可以蒇事。今人惟不好读史，故祸变之来，狼顾而莫知所为，可胜慨哉！

传有之曰：皮之不存，毛将焉傅？史在各种学问中，可喻之为皮板。羔裘豹饰者，爱毛而不爱皮板。抑知无皮板则毛何所丽？印度为世界古国之一，科学哲理，卓越绝伦，弘大之佛教，诞生于是，几何之学，亦由印度传至希腊。医学至刳肠剔胃，行所无事，其文化可称极高，而无历史以记载，至今印人不能追念其前代政化。新疆居民，今人多知有回部，而不知在前、后汉时本是三十六国。班、范二史，载之甚详。惟三十国国无历史，故其人种，至今茫无可稽。然则无史之害，岂不较然可见乎？国家之安危强弱，原无一定，而为国民者首须认清我为何种民族？对于本国文化，相与尊重而发扬之，则虽一时不幸而至山河易色，终必有复兴之一日，设国民鄙夷史乘，蔑弃本国文化，则真迷失本性，万劫不复矣！

史之有关于国本者至大。秦灭六国，取六国之史悉焚之。

朝鲜亡后，日人秘其史籍，不使鲜人寓目。以今日中国情形观之，人不悦学，史传束阁，设天降丧乱，重罹外族入寇之祸，则不待新国教育三十年，汉祖、唐宗，必已无人能知。而百年以后，炎黄裔胄决可尽化为异族。然则居今而言复兴文化，舍注意读史外，其道奚由？

据中央大学《文艺丛刊》第1卷第2期，1934年10月

★此为章太炎1932年秋在苏州的演讲，由徐澂、王乘六笔录。

历史之重要

国学不尚空言，要在坐而言者，起而可行。十三经文繁义赜，然其总持则在《孝经》《大学》《儒行》《丧服》。《孝经》以培养天性，《大学》以综括学术，《儒行》以鼓励志行，《丧服》以辅成礼教。其经文不过万字，易读亦易记。经术之归宿，不外乎是矣。经术乃是为人之基本，若论运用之法，历史更为重要。处斯乱世，尤当斟酌古今，权衡轻重。今日学校制度，不便于讲史。然史本不宜于学校讲授，大约学问之事，书多而文义浅露者，宜各自阅览。书少而文义深奥者宜教师讲解。历史非科学之比，科学非讲解一步，即不能进一步。历史不然，运用之妙在乎读者各自心领神会而已。正史二十四，约三千余卷。《通鉴》全部，六百卷。如须讲解，但讲《通鉴》，五年尚不能了，全史更无论矣。如能自修，则至迟四年可毕廿四史。今学校注重讲授，而无法讲史，故史学浸衰。惟道尔顿制实于历史之课最宜，然今之教员，未必人人读毕全史。即明知道尔顿制便于学生，其如不便于教员何？《吕氏春秋》有《诬徒》篇，今日学校之弊，恐不至“诬徒”不止，诚可叹也。

政治之学，非深明历史不可。历史类目繁多，正史之外，有编年，有别史，有论制度之书，有述地理之书，有载奏议之书。荀悦《汉纪》，别史类也。《通典》《通考》，贯穿古今，使人一看了然，论制度之类也。志表之属，断代为书，亦使人了如指掌，亦论制度之类也。地理书却不易看，自正史地理志外，有《元和郡县志》《元丰九域志》《明清一统志》《读史方舆纪要》之属，山川形势，古今沿革，非细读不能明了。奏议往往不载于正史，但见于文集，亦有汇集历代名臣奏议为专书者。今之学者，务欲速成，鲜有肯闭门读书十年者。然全看二十四史，一日不辍，亦不过四年。若但看四史，四史之后，看《通鉴》，宋、元、明鉴之类，则较正史减三分之一。一日看两卷，则五百日可毕。而纪事之书，已可云卒业矣。至于典章制度之书，《通典》古拙，不必看；看《通考》已足。施于政治，《通考》尚有用不着之处。三通不过五百卷，一日看两卷，二百五十日可毕。地理书本不多。《读史方舆纪要》为最有用，以其有论断也，旁及地理、挂图，且读且看，有三四月之功夫，即可卒业。奏议书流畅易看，至多不过一年亦毕矣。如此合计纪事之书一年有半，制度之书八月，地理之书半年，奏议之书十月。有三年半之功程，史事已可烂熟。即志在利禄者，亦何惜此三年半之功夫，以至终身无可受用乎？历代知名将相，固有不读书者，近若曾、左、胡辈，亦所谓名臣者矣。然其所得力，曾在《通鉴》《通考》；左在《通考》；胡在《读史方舆纪要》而已，况程功之过于是者乎？

夫人不读经书，则不知自处之道。不读史书，则无从爱其国家。即如吾人今日，欲知中华民国之疆域，东西南北究以何为界，便非读史不可。有史而不读，是国家之根本先拔矣。古人有不喜人讲史者，王安石变法，惟恐人之是古非今，不得自便。今人之不喜人看史，其心迹殆与王安石无异。又好奇说者，亦不喜人看史。历史著进化之迹，进化必以渐，无一步登天之理。是故诡激之流，惟恐历史之足以破其说也。至于浅见之人，谓历史比于家谱，《汉书》即刘氏之谱，《唐书》即李氏之谱，不看家谱，亦无大害。此不知国史乃以中国为一家，刘氏、李氏，不过一时之代表而已。当时一国之政，并非刘氏、李氏一家之事也。不看家谱，不认识其同姓，族谊亦何由而敦？不讲历史，昧于往迹，国情将何由而洽？又或谓历史有似账簿，米盐琐屑，阅之无谓，此不知一家有一家之产业，一国有一国之产业，无账簿则产业何从稽考？以此而反对读史，其居心诚不可测矣。信如所言，历史是账簿，是家谱，亦岂可不看。身不能看，惟恐人之能看，则沮人以为不足看也。政界之人如此，学界之人亦如此。学生又不便以讲诵，家谱、账簿，束置高阁，四万万人都不知国家之根本何在，失地千万里，亦不甚惜，无怪其然也。日本外交官在国际联盟会称东三省本是满洲之地，中国外交官竟无以驳正，此岂非不看家谱、账簿而不知旧有之产业乎？

昔人读史，注意一代之兴亡。今日情势有异，目光亦须变换，当注意全国之兴亡。此读史之要义也。经与史关系至深，章实斋云六经皆史，此言是也。《尚书》《春秋》，本是史书。《周礼》著官制，《仪礼》详礼节，皆可列入史部。西方希腊以韵文记事，后人谓之史诗，在中国则有《诗经》。至于《周易》，人皆谓是研精哲理之书，似与历史无关，不知《周易》实历史之结晶，今所称社会学是也。乾坤代表天地，《序卦》云有天地然后有万物。是故乾坤之后，继之以屯。屯者，草昧之时也，即鹿无虞，渔猎之征也。匪寇婚媾，掠夺婚姻之征也。进而至蒙，如人之童蒙，渐有开明之象矣。其时取女盖已有聘礼，故曰见金夫不有躬，此谓财货之胜于掠夺也。继之以需，则自游牧而进于耕稼，于是有饮食燕乐之事。饮食必有讼，故继之以讼。以今语译之，所谓面包问题，生存竞争也，于是知团结之道。故继之以师，各立朋党，互相保卫，故继之以比。然兵役既兴，势必不能人人耕稼，不得不小有积蓄。至于小畜，则政府之滥觞也，然后众人归往强有力者以为团体之主，故曰武人为于大君，履帝位而不疚，至于履，社会之进化已及君主专制之时矣。泰者上为阴下为阳，上下交通，故为泰。否者上为阳下为阴，上下乖违，故为否。盖帝王而顺从民意，上下如水乳之交融，所谓泰也。帝王而拂逆民意，上下如冰炭之不容，所谓否也。民为邦本之说，自古而知之矣。自屯至否，社会变迁之情状，亦已了然，故曰《周易》者历史之结晶也。然六经之中正式之史，厥维《春秋》。后世史籍，皆以《春秋》为本。《史记》有《礼书》《乐书》，《汉书》则礼、乐皆有志，其意即以包括礼经一门。《司马相如传》辞赋多而叙事少，试问辞赋何关于国家大计？而史公必以入录耶？班固，“曰赋者古诗之流也”，盖《史记》之录辞赋，亦犹六经之有《诗》矣。史公《自序》曰：“有能绍明世，正《易传》，继《春秋》，本《诗》《书》《礼》《乐》之际，意在斯乎？小子何敢让焉。”班固亦有类此之语。由今观之，马、班之言，并非夸诞。良史之作，固当如是也。

史与经本相通，子与史亦相通。诸子最先为道家，老子本史官也。故《艺文志》称道家者流，出于史官。史官博览群籍，而熟知成败利钝，以为君人南面之术。他如法家，韩非之书称引当时史事甚多，纵横家论政治，自不能不关涉历史。名家与法家相近，惟农家之初，但知种植而已。要之九流之言，注重实行，在在与历史有关。墨子、庄子皆有论政治之言，不似西洋哲学家之纯谈哲学也。今日学士大夫，治经者有之，治诸子者有之，而治史则寡。不知不讲历史，即无以维持其国家。历史即是账簿、家谱之类，持家者亦不得不读也。

复次，今日有为学之弊，不可盲从者二端，不可不论。夫讲西洋科学，尚有一定之轨范，决不能故为荒谬之说，其足以乱中国者，乃在讲哲学讲史学，而恣为新奇之议论。在昔道家，本君人南面之术，善用其术，则可致治，汉人之重黄、老，其效可见矣。一变而为晋人之清谈，即好为新奇之议论，于是社会遂有不安之状。然刘伶之徒，反对礼教，尚是少数。今之哲学，与清谈何异？讲哲学者，又何其多也？清谈简略，哲学详密，此其贻害，且什百于清谈。古人有言，智欲圆而行欲方，今哲学家之思想，打破一切，是为智圆而行亦圆，徇己逐物，宜其愈讲而愈乱矣。余以为欲导中国入于正轨，要自今日讲平易之道始。三十年后，庶几能收其效。否则推波助澜，载胥及溺而已。

又，今之讲史学者，喜考古史，有二十四史而不看，专在细微之处，吹毛索瘢，此大不可也。昔蜀之谯周，宋之苏辙，并著《古史考》，以驳正太史公。夫上下数千年之事，作史者一人之精力，容有不逮。后之人考而正之，不亦宜乎？无如今之考古者，异于谯周、苏辙，疑古者流，其意但欲打破历史耳。古人之治经史，于事理所必无者，辄不肯置信，如姜嫄履大人迹而生后稷，刘媪交龙于上而生高祖，此事理所必无者也。信之则乖于事实。又同为一事，史家记载有异，则辨正之，如《通鉴考异》之类，此史学者应有之精神也。自此以外，疑所不当疑，则所谓有疑疾者尔。日本人谓尧、舜、禹皆是儒家理想中人物，犹自以其开化之迟，而疑中国三千年前已有文化如此。不知开化本有迟早，譬如草木之华，先后本不一时，但见秋菊之晚开，即不信江梅之早发，天下宁有此理？日本人复疑大禹治水之功，以为世间无此神圣之人。不知治河之功，明、清两代尚有之，本非一人之力所能办。大臣之下，固有官吏兵丁在，譬如汉高祖破灭项羽，又岂一身之力哉？此而可疑，何事不可疑？犹记明人笔乘，有丘为最高、渊为最深之言，然则孔、颜亦在可疑之列矣。当八国联军时，刚毅不信世有英、法诸国，今之不信尧、禹者，无乃刚毅之比乎？夫讲学而入于魔道，不如不讲。昔之讲阴阳五行，今乃有空谈之哲学、疑古之史学，皆魔道也。必须扫除此种魔道，而后可与言学。

据《制言》第55期

*此为章太炎1933年3月15日在江苏省立师范学校的演讲，由诸祖耿记录。

民国光复

所谓辛亥革命者，其主义有二：一、排斥满洲；二、改革政治。前者已达目的，后者至今未成。有功于光复之役者，今存在尚伙，特众口纷纷，归功于谁，亦未能定也。当时之改革政治，亦只欲纲纪不乱，人民乐生耳，若夫以共和改帝制，却非始有之主义，乃事势之宜然也。

按清入主中原三百年间，反清之意见，时载于书籍，鼓励人民之同情，今举其一代所宗大儒之言论以概其余。顾亭林《日知录》中解《中庸》“素夷狄行乎夷狄”，见目录而解义删去。然见钞本《日知录》中说曰，“居处恭，执事敬，与人忠，虽之夷狄，不可弃也，是之谓素夷狄行乎夷狄，非谓可仕于其朝也”。又解《论语》“管仲不死子纠”，谓“君臣之分，所关者在一身；华夷之防，所系者在天下。故夫子之于管仲，略其不死子纠之罪，而取其一匡九合之功”。即见亭林之志矣。王船山亦谓“一朝之变革不足论，惟宋之亡于夷狄，则中国失其为中国矣”。又云“种族不能自保，何仁义之云云”。二先生学问极大，见地独高，故彰明于世，学者宗之。而草野户牖中诸儒，与二先生论调同而名不显者，不知几何也？吕留良之意见与顾、王相同，及曾静狱兴，事乃大露，清廷因之大兴文字之狱，以集《四库全书》之名，焚禁天下诋毁清廷之篇籍。秦始皇焚书，刘向校书，二者不可得而兼，惟清四库馆则兼而行之，其防制可谓无微不至。然不知此种观念已深入人民心中，故洪秀全、杨秀清、李秀成、孙中山虽未读顾、王诸先生之书，亦能起兵抗清，何必读书之士为能然耶？

余成童时，尝闻外祖父朱左卿先生言“清初王船山尝云，国之变革不足患，而胡人入主中夏则可耻”。排满之思想，遂酝酿于胸中。及读《东华录》至曾静案，以为吕留良议论不谬，余遂时发狂论，曰“明亡于满清，不如亡于李自成，李自成非异族也”。及后与梁启超等相处，康、梁主保国、革命同举，并谓“保中国不保大清”。是时上海报载广东人孙文于英国伦敦为中国公使捕获，英相为之担保释放，余因询孙于梁氏，梁曰：“孙氏主张革命，陈胜、吴广流也。”余曰：“果主张革命，则不必论其人才之优劣也。”庚子拳乱，八国联军入北京，唐才常辈藉勤王名，主张革命，发表宣言，粤人容闳手笔也，严复译成汉文，大意诋毁清政，别立政府，而又云戴光绪皇帝为主。余不然其说。时康、梁之徒已渐变原有革命主张，而趋重保皇，遣人询余意见，余力言奉戴光绪为非，因剪发自誓。后因《驳康有为书》及序川人邹容《革命军》被捕，与邹容入上海狱。三年期满，出狱东渡，同盟〔会〕已由孙中山、黄克强等成立，以余主《民报》。初，孙之兴中会可号召南洋华侨，黄之华兴会可号召沿江会党，徐锡麟等之光复会可号召江、浙、皖士民。三党纠合为同盟会，惟徐锡麟未加入。黄克强系两湖书院出身，留学生亦多通声气，国内文学之士则未能生影响。自余主笔《民报》，革命之说益昌，入会之士益众，声势遂日张。至辛亥革命之主谋，则湘人焦达峰也。达峰者，共进会会员，初与湖北日知、文学等会议起事，焦建议自湘首倡，鄂响应之。并曰“若湘起后，鄂于十日内不响应，则湘将以鄂为敌人”。适彭楚藩、刘尧澂、杨洪胜等谋炸事露，总督瑞澂大索鄂中党人，于是鄂不得不先湘发难，占据武昌，举黎元洪为都督。清廷命黄忠浩发湘省防军袭武昌，势甚急；焦达峰起，袭取长沙，杀黄忠浩，革命军势益盛。未数日，焦氏被梅馨所杀，传为谭延闿主使，其事今犹未明也。时共进会突然起事，同盟会首领俱未知之，孙在英，黄在香港，即与谋之宋教仁、谭人凤，亦谓须训练三年方可从事，未料及起事如此之速。共进会由张伯祥组成，其成立在同盟会后，起事则先之。初，黄兴在大森，尝劝达峰并入同盟会，达峰以同盟会舒行阔步，未果。

革命之成功原因有二：一、远因，排满思想潜伏已久；二、近因，党人鼓吹甚力。虽共进会有倡义之功，若无同盟会之鼓吹革命，布置各省革命基础，则绝无如是大之影响。当袁世凯命冯国璋攻下汉口，不敢复取武昌者，以革命军已遍满南方，不可复抑也。若只湘、鄂二省，袁何爱而不攻耶？故同盟会有倡始布置之功，而共进会有实行发难之功。姑以弈喻，布全局与白黑相杀，在弈中有相等之重要。布局，同盟会也；相杀，共进会也。今日咸以实行之功归诸一二人，虚妄已甚，其去魏收史不远矣。

武昌立政府后，黎元洪为首；同盟会则以孙文为首，国之元首有相争之局。故行共和制以均衡权力，乃举孙大总统，黎副之，此固不得不然之势，而事前筹备实未尝周密也。试观袁世凯称帝，同盟党员附和者尚有其人；张勋复辟，未有一人附和者；虽今伪国成立，党员附和者亦绝无其人，皆足征革命之起实为排满也。

宋案发生，孙、黄欲举岑春煊，岑受梁鼎芬、郑孝胥之愚，议举溥伟为总统，以诱致冯国璋，余力斥之，岑翻然悟，拒梁、郑，梁大骂而去。若余不阻之，虽满清不能兴，然于黄一生功绩将受影响矣。以上皆论排满之事。

今论政治之改革。政治至今只有纷乱而无改良，盖革命党人忠实者固多，而好勇疾贫、行险侥幸者亦不少，其于政治往往隔膜。当革命未成时，群目宋教仁为将来之政治家，然宋氏仅知日本之政治，处处以日本之政为准，如内阁副署命令，两院决可否，矜为奇异。不知此二制度，中国已行于唐、宋。副署之制，唐时诏令俱然，并谓不经凤阁鸾台不得为制敕，其所谓“墨敕”“内降”者，则出乎法外者也，逮宋亦然。明之内阁大学士，实即唐之翰林学士，只是天子秘书，故不能副署诏令。清亦沿明制，然如军机大臣奉上谕，内阁奉旨，虽不以人署名，而以机关署名也，则未尝无副署之意。下此则州县决狱，典吏亦须副署，此何足矜为奇创耶？又两院议可否，唐之门下省给事中，即议诏令可否者也，有“封还”“涂归”“批敕”诸名，宋、明因之，清则将给事中并入都察院，无封还诏令之权，仅能分发诏令与各衙门，所谓“邸抄”者也。唐给事中四人，明设六科，亦只数十人，而国会议员至数百人之多，当时所选者半非人望，议员以可否权之奇货自居，于是势凌总统，敲诈贿赂，无所不至，国会名誉扫地无余矣。而宋之在政治，亦以副署权陵轹元首，终蒙杀身之祸。由今观之，其政治知识实未备也。

上述诸事，欲政治之澄清，岂可得乎？孙谓革命尚未成功，信然。党员步调不齐，人格堕落，革命初成时已渐暴露，黄在汉阳，尝以扩大同盟会远询于余，余以“革命军起，革命党消”告之，克强未纳。其后同盟会与统一共和党吴景濂等五团体合组国民党，竟留十二年曹锟贿选之丑，可见其政治上之节操，与其维持共和之能力矣。

据李希泌《健行斋文录》

*此为章太炎1933年10月10日在章氏国学讲习会的演讲，由李希泌记录。

论读史之利益

治国论政不能无所根据。汉人言通经致用，当时经史未分，史即《春秋》家言也。至汉末而史籍始渐多矣。西汉时，士皆从师受经，而史籍则罕有讲授者。盖经籍公开，史籍不公开也。《汉书》东平思王宇上疏求《太史公书》，王凤言《太史公书》有战国纵横权谲之谋，汉兴之初谋臣奇策、天官、灾异、地形、阨塞，皆不宜在诸侯王，不可予。至东汉则史籍渐不秘密，故孙权勉吕蒙涉猎往事，自谓少时历《诗》《书》《礼记》《左传》《国语》，惟不读《易》。至统事以来，省三史诸家兵书，因劝蒙急读《孙子》《六韬》《左传》《国语》及“三史”。所谓三史者，《史记》《汉书》《东观汉记》也。蒙本不读书，自闻权言，笃志不倦，其所览见，旧儒不胜。后鲁肃过蒙，言议常欲受屈，因拊蒙背，称其非复吴下阿蒙。于此可见东汉以来，渐多读史者矣。刘备从卢植受《礼记》，终身不忘。而遗诏则以《汉书》《礼记》并举，旁及诸子、《六韬》《商君书》。然刘本经生，未遑研精史籍。若诸葛亮则是法家，蜀人好史籍者，固不若吴人之众也。

经者古史，史即新经。远古之事，或不尽适用于今。事愈近者，愈切实用，荀子所谓法后王也。自汉以后，秉国政者，无不参用经史，以致治平。至王安石乃自以为湛深经学，不好读史，且复劫持人以不必读史，目《春秋》为断烂朝报，其流弊卒至京、惇之误国。然当时理学家亦以为王者致治不须读史，如谢良佐初造程明道，对明道举史事不遗一字，明道谓之玩物丧志。谢面赤汗流，自是不复言史。司马光薨于位，适郊天庆成之后明堂降赦臣僚称贺讫，两省官欲往奠之，程伊川不可，曰“子于是日哭则不歌”。坐客难之曰：“孔子言哭则不歌，不言歌则不哭也。”苏子瞻曰：“此乃枉死市叔孙通所制礼也。”众皆大笑。伊川于史学本疏，故有人诮伊川须入山读《通典》十年，方可议礼。明人读史不精，而办事较有能力，凡为其能注意于史事故也。至清人之不读史者，不过为琐碎之考据而已。唯曾、左、胡三人，颇知运用之术，曾读《文献通考》，胡读《资治通鉴》，左读《读史方舆纪要》。三人所好不同，而其经世致用则同。今观其奏疏书札，恒喜称引三书，可知也。张之洞虽不及彼三人，亦熟读《通鉴》。盖张曾随胡林翼至贵州衡文，受胡之熏染甚深也。《资治通鉴》二百九十四卷，《文献通考》三百四十八卷，《读史方舆纪要》一百三十卷。专心读之，一年可毕。至于运用之妙，本不在读书之多，故通经即可致用。今亦可言通史致用，史即经也。然今人之病根，即在不读史。民国初建，自日本归来之民党，略读法政诸书，罕留意于本国史籍，以求因革之宜，锐意步趋他国，不恤削趾适屦。即当时所称第一流政治家宋教仁，亦刻意放效日本，见日本以政党政治，即欲移植于中国，不知是犹逾淮之橘也。日本天皇自肯垂拱无为，祭则寡人而已。中国由数千年来君主专制一变而为民主共和，选任大总统，自必为有声望有才具者所得，即此一端，已非日本天皇可比。是故不顾国性、民情而但为蜾蠃之祝，其不蹈王安石之覆辙者鲜矣。

读史致用之道有二：上焉者察见社会之变迁，以得其运用之妙；次则牢记事实，如读家中旧契，产业多寡，了如指掌。能得运用之妙者，首推道家，《汉志》言道家者流，出于史官。老子为周守藏史，根据社会之变迁，以著成道家之议论，故能妙徼浑然，语无执著。庄子称孔子以六经说老聃，老聃云六经先王之陈迹也，岂其所以迹哉？夫迹履之所出，而迹岂履哉？盖道家之意，读古人书，须超以象外，得其环中，不可泥于陈迹而屑屑为之。此不独老子为然，伊尹、太公无不如此。是以伊尹、太公之书，《汉志》均在道家。汉初张良受兵法于黄石公，及郦生说汉王立六国后，张良藉箸破之，乃谓用客之谋，大事去矣。何则陈涉之起，势孤力薄，故张耳、陈馀说以树党益敌，以分秦力。至楚汉相争，势已不同，楚强汉弱，力不相侔，再立六国，将必尽为楚灭耳。时之相去不过四五年，利害之不同已如此。自非道家，谁能观于时变而应用其术？张良之可入道家者殆以此也。厥后惟李泌为能继武耳。至以史籍视同人家之契券者，老子有言，有德司契，契正不可不读者也。若一家之主，束置契券，不加观览，不自知其资产之多寡，其昏瞶将如何？然执政者之于国史，亦犹家主之于契券矣。

昔在东京时，闻民党中人言，满洲沙漠之地，本非我土，可放弃也。此即不看旧契之过。今试一稽史实，以确证满洲之为我疆我理。《史记·匈奴传》燕将秦开袭破东胡，东胡却千余里，遂置辽东、辽西郡。辽东地及朝鲜，辽西为今锦州至滦西一带。汉武析辽西而置乐浪、玄菟，即清时所谓东辽道，在兴京之东，长白山东偏之地。乐浪盖在今朝鲜平安道一带。直至永嘉之乱，胡骑蹂躏，遍于北方，辽东始不复为我有。唐初虽灭高丽，亦不能奄有辽东。南宋则甘以小朝廷自居，河北尚不能保，遑论辽东！明初冯胜破降辽东，置辽东都指挥使司，仿佛今之特别区，以都指挥使为长官，其下有卫，亦有学校，有教官。士之应科举者，得与顺天乡试。永乐时更立奴尔干都司，统辖建州海西诸部。清时于黑龙江发见奴儿干都司碑，可见明廷威力之远被，明宣宗时在松花江设造船厂，命镇辽东都督佥事巫凯董其事，凯尝请罢其役，旋罢旋兴，此松花江造船厂当即今之吉林，清人称吉林为船厂，直至民国犹然，即因明时造船于此而沿用此名也。由此观之，不但辽东早为我有，即吉、黑亦久在版图之内。当辛亥南京政府成立时，余知张季直曾随吴长庆至朝鲜，谙于东北情形，因以满洲不宜放弃之意见质之。张亦言断不可弃，于是作文通告全国，凡主张放弃东省者，卖国贼论。一时议论为之一正。至言满洲沙漠地者，由未履其地而妄揣测耳。亦未思沙漠之地断无大川巨流，例如新疆沙漠，河润至此，即渗入地中。今满洲有松花江、黑龙江通流其间，其非沙漠，可想而知。孟子云生于其心，害于其政。今兹东北沦陷，国人或尚以前此满洲可弃之心理自相慰藉。此由不阅旧契，故不知自家资产之多寡也。

又如安南，自秦置南海、桂林、象郡，尉佗更役属瓯骆，其地奄有今之两广、安南。南海者今之广东，桂林即今之广西，象郡则今之安南。汉时更分设三郡，曰交趾、九真、日南。后汉交州刺史兼治两广诸地。两晋、六朝均为郡县。唐调露初设定南都护府，属岭南道。安南之名由此始。唐德宗时宰相姜公辅即为日南人。其地士子之科举仕进，无不与其他州郡同。唐末五代属于南汉，后为丁琏所据。宋开宝八年，授琏为静海军节度使，八年封交趾郡王，名义仍属中国。至南宋始独立为国。明永乐时黎季犛杀陈氏宗族而自立，成祖命沐晟、张辅进讨平之，设交趾布政司统其地，置百官，立学校，以经义诗赋取士，士子彬彬有华风。宣宗间尝放弃，世宗十九年莫登庸归降，始削安南国为安南都统使司，改十三道为十三宣抚司，直至明亡，无大变更。清康熙时册封黎维禧为安南国王，乃始确认其为藩属矣。其与安南比邻之缅甸，明时设有宣慰使，为云南土司之一。是以桂王之入缅甸，并不以为越境。至清乾隆时征缅甸无功，缅甸亦惧为暹逻所逼，遣使入贡，清廷因赐册印封为缅甸国王。于是缅甸亦独立而为藩属。此皆详载史籍，凡属国民，固不容不熟记者也。远者且不必论，若明代疆域，去今仅数百年。而满洲、安南、缅甸诸旧事能熟记者，已无几人。左宗棠征服新疆，不可谓无才气，然安南让于法国，缅甸让于英国，未闻左有一言之诤谏，岂其暮气已深，畏难而苟安耶？恐亦为旧契之不甚了了故耳。

民国以来，国人对于史事亦甚疏忽矣。或且鄙夷旧契，不屑观览。甚有怀疑旧契者，于是日蹙百里，都在迷离惝恍之中，使人人而知保守其旧契，家国之事，当不至此。

据《制言》第52期

★此为章太炎1934年2月在章氏国学讲习会的演讲，由王乘六、诸祖耿记录。

论经史实录不应无故怀疑

经史传世，江河不废。历代材智之士，籀读有得，施之于用而见功效者，不胜偻指；然以考信自矜则寡。盖经除今文、史除杂史而外，率皆实录。实录者，当时之记载也。其所根据，一为官吏之奏报；二为史臣所目击；三为万民所共闻，事之最可信者也。其有传闻异辞而记载歧异，经后人之考定者（如司马温公《通鉴考异》之类），取舍有准，情伪自明，歧异之说，遂成定案，斯亦实录之次也。至若帝王初兴之瑞象，语涉怪诞，于理必无，且非史臣所目击，万民所共闻，奏报之所有，自然乖于实录。其或当时史臣，阙于记载，后人据私家著录，掇拾成书，如史公作《史记》时，六国史记俱尽，苏秦、张仪、鲁仲连之语，皆据其自著之书，语虽非伪，然诸人自言其效，未免夸大，非事实所真有。以无国史，不得不据此乖于实录之言耳。后此宋祁《唐书》，好采小说，时吴缜已纠其缪矣。舍此以外，虽有曲笔，十约八九可信，斯实录之所以可贵也。经史所载，除今文、杂史而外，大氐实录，后人无容置喙。王充之徒，于古籍加以驳正，非驳辨经史正文，乃是正汉初诸儒说经之失当，与夫讥弹当时诸子所载之不合情理耳，非今人所谓怀疑也。刘知几抱孤愤而作《史通》，据《竹书纪年》以疑《尚书》，不知《竹书》非当时之实录，乃魏安釐王时追记商周之事，事隔千年，如何可信？据之立论，真所谓以不狂为狂矣。前人疑古，惟韩非为有特见。然法家之言，过于执滞，未为通方之论。《难》篇论舜耕历山，期年而甽亩正；渔于河滨，而渔者让坻；陶于东夷，而器不苦窳，终以“当时尧安在”五字难之，谓圣人明察在上位，将使天下无奸，令耕渔不争，陶器不窳，舜又何德而化？舜之救败也，则是尧有失也。贤舜则去尧之明察，圣尧则去舜之德化，不可两得也。又《五蠹》篇言尧舜禅位，实无足称。其说曰尧之王天下也，茅茨不翦，采椽不斫，粝粢之食，藜藿之羹，冬日麑裘，夏日葛衣，监门之养，不亏于此矣。以是言之，古之让天子者，是去监门之养，而离臣虏之劳也，不足多也。余谓韩非之言，乍闻似觉有理，细察乃知可笑。何者？尧之在位，不过使人民安乐而已，非能化全国之人，俱进于德让也。如果能之，何以不能化亲近之四凶哉？韩非疑尧与舜不能两得，乃过言矣。又帝王之尊，无论其自苦何若，要必拥生杀予夺之大权，昔人谓：“夸者死权，众庶凭生。”盖平民惟计衣食，夸者乃不肯释权也。刘裕一生俭素，土制屏风，葛作灯笼，生活与尧相似，然未闻辞去帝位。梁武帝五十而断房室，豆羹粝饭，日只一餐，无鲜腴之享。侯景来逼，尚不肯去其帝位。何者？生杀予夺之权在，不肯舍也。韩非之疑，以田舍翁之心，度豪杰士之腹，未为得矣。即如汉以后开国之君，无不从百战中来，躬擐甲胄，亲历艰苦，其能安富尊荣，享帝王之乐者，实无多日。试问战争时所著之甲，能过尧之麑裘葛衣乎？所食之食，能过尧之粝食藜羹乎？所居之营，能过尧之茅茨采椽乎？未闻以衣食居处之不适，而决然舍去其权位也。故韩非之说，乍闻似觉有理，细察乃知可笑。向来疑古者，多此类矣。

韩非疑古，虽未合理，尚不失为独抒己见，异于掩卷妄谈之士。今有人不加思索，随他人之妄见推波助澜，沿流而不知返者，其愚更可哂也。日本开化在隋唐间，至今目睹邻近之国，开化甚早，未免自惭形秽，于是不惜造作谰言，谓尧、舜、禹为中国人伪造。非但如此而已，即秦皇、汉武之丰功伟烈，《史》《汉》所载彰明较著者，亦不愿称说。其所常言，多举唐太宗以后事。此其忌刻之心，不言可知，而国人信之，真可哂矣。

日本人疑禹治水为无其事，彼谓九州洪水，何能以一身治之？以此为口柄，真浅薄幼稚，不值一噱。夫禹之治水，合天下之力而已督率之耳。名山三百，支川三千，岂尽一己手足之力，孜孜而治之哉？自来纪载功绩，但举首领，不及其余。东汉治河，河堤使者王景独尸其功，明则河道总督潘季驯，清则河道总督靳辅，皆以治河著称。此岂三人一手一足之力哉？亦集众人之功而总其成耳。非惟治河为然，其他各事，殆无不然。即以战功言之，策动独在大将，其实斩将搴旗，皆属士卒之事。岂真为首之大将，徒手搏击而取胜哉？日人不思此理，悍然断禹为伪造，其亦不明世务，而难免于大方之笑矣。因其疑禹，遂及尧、舜，吾国妄人，不加深思，震于异说，贸然从之。呜呼！国家未亡，而历史先亡，可哀也已。要知凡后人伪造之书，只能伪造虚文，不能伪造实事。关于天官、地理，更难伪造。夫伪造《尧典》《禹贡》者，果何人哉？远则孔子，近则伏生，舍此无可言者矣。然《禹贡》所载山川，有孔子前早已失去者，盖东周时四夷交侵，边地之沦于夷狄者多矣，如梁州“蔡蒙旅平”，孔颖达正义引《地理志》云，蒙山在蜀郡青衣县；应劭云，顺帝改名汉嘉县。按即今四川之雅州，孔子时蜀西尚未交通，但知蜀东有巴国而已，决不知有所谓蒙山者，何从伪造蔡蒙旅平之言哉？又兖州“九河既道”，九河故渠，在孔子时已绝，郑康成谓为齐桓公所塞，孔子又何从而知之？如云非出孔子之手，而为伏生所造。伏生时蒙山虽在境内，九河亦淤废久矣。且雍州"原隰底绩，至于猪野"，"又导弱水，至于合黎，余波入于流沙"，猪野在汉属张掖，合黎在汉属酒泉，均在今甘肃西部，汉时所称河西四郡者，其地在七国时已沦于匈奴，至休屠王降汉，方入中国版图。伏生时决不知有此地，何以猪野、合黎，言之凿凿？岂孔子、伏生真如《新旧约》所云全知全能之上帝，能后知未来，前知往古者乎？此以地理言也。又就天象考之，古人以昏中之星验天，而《尧典》所言中星，与后世所见不同。《尧典》言："春分日中星鸟，夏至日永星火，秋分宵中星虚，冬至日短星昴。"鸟者，朱鸟之中星也。火者，苍龙之中星也。虚者，玄武之中星也。昴者，白虎之中星也。此与孔子、伏生时所见，截然不同。孔子去尧约一千八百余年，伏生去尧约二千一百余年，而吕氏作《月令》时，上去孔子二百年，下去伏生百年，时皆未久，然其所云仲春之月则昏弧中，仲夏之月则昏亢中，仲秋之月则昏牵牛中，仲冬之月则昏东壁中，与《尧典》所云相差三十余度，如孔子、伏生伪造《尧典》，亦应据其所见，如《吕氏》所录者，以概往古，何以有如此歧异？要知相差三十余度者，后人谓之岁差。今之言天文者，无人不知此理，而古人未之知也。何承天、祖冲之始知恒星伏现，年各不同，而相差甚微，积久遂致相远（语详《宋书·历志》）。何、祖去尧约二千七百余年，观察分明，于是上推《月令》，核之《尧典》，遂明岁差之故。孔子、伏生，不知岁差，乌能伪造《尧典》之中星耶？《尧典》《禹贡》既不能证其伪造，则尧、禹之不得怀疑，无待繁言而解矣。

日人不愿居中国人后，不信尧、禹，尚无足怪。独怪神明之后，史籍昭彰，反弃置不信，自甘与开化落后之异族同侪，迷其本来，数典忘祖，信可哀已。昔戴东原少时读《尧典》，至“乃命羲和”一节，即研习天文，二三年乃通其说。读《禹贡》，研习地理，又二三年乃明其义。今《尚书》《释天》《禹贡锥指》等书，所在而有，不必如戴东原之勤苦，方能通晓，乃国人不肯披阅，信谬作真，随日人之后，妄谈尧、禹之伪，不亦大可哀乎？此种疑古，余以为极不学可笑者，深望国人能矫正之也。

史有事实离奇，难于确然置信者，其故盖由于实有其事，而描写过甚。此类之事，如与大体无关，则存而不论可也。《史记·留侯传》记高祖一见四皓，即懑然心服，废立之举，竟不果行。司马温公《通鉴》疑而不载，以为高祖暴亢，未必为畏惮四皓而止。又隐士之事，史乘亦多离奇。如《后汉书·严光传》光以足加帝腹上，明日，太史奏客星犯帝坐甚急。《通鉴》载之甚略。余谓高祖虽暴亢，顾生于七国，礼贤下士之风，知之有素，四皓高尚其事，今乃降心于惠帝，疑惠帝真是可辅之主，今即废立，未必不贻后患，以故遂止，是亦情理之可通者。子陵之事，出于偶然，足加帝腹，恰值天文之变，史臣认为有关，遂致牵附，亦不能指为必无。以故史中诸事在疑信之间者，皆应存而不论，不应悍然生疑，以上斥疑古之非。竟。

复次，今人以为史迹渺茫，求之于史，不如求之于器。器物有，即可证其必有，无则无从证其有无。余谓此拾欧洲考古学者之唾余也。凡荒僻小国，素无史乘，欧洲人欲求之，不得不乞灵于古器。如史乘明白者，何必寻此迂道哉？即如西域三十六国，向无史乘，倘今人得其器物，则可资以为证耳。其次，已有史乘，而记载偶疏，有器物在，亦可补其未备。如列传中世系籍贯、历官之类，史或疏略，碑版在，即可藉以补苴。然此究系小节，无关国家大体。且史乘所载，不下万余人，岂能人人尽为之考？研求历史，须论大体，岂暇逐琐屑之末务？况器物不能离史而自明。如器有秦汉二字，知秦汉二字之意义者，独非史乘所诏示耶？如无史乘，亦无从知秦汉二字为何语也。即如陕西出土之秦汉瓦当，知陕西为秦汉建都之地，乃史乘之力。据史乘，然后知瓦当为秦汉之物，否则又何从知之？且离去史乘，每朝之历年即不可知，徒信器物，仅如断烂朝报，何从贯穿？以故，以史乘证器物则可，以器物疑史乘，则不可。以器物作读史之辅佐器则可，以器物作订史之主要物则不可。如据之而疑信史，乃最愚之事也。

不但此也，器物之最要者，为钟鼎、货币、碑版，然钟鼎伪造者多，货币亦有私铸、伪造二者。碑版虽少，今亦有伪作者矣。《韩非子·说林》齐伐鲁，求谗鼎，鲁以其赝往，是古代已有伪造之钟鼎也。又《礼记·祭统》卫孔悝之鼎铭曰“六月丁亥，公假于太庙”。据《左氏》哀十六年传，“六月，卫侯饮孔悝酒于平阳，醉而逐之，夜半而遣之”。孔氏正义谓即此六月中，先命之，后即逐之，此语最为无赖。夫铸鼎刻铭，事非易易，何能以旬日遽成？以《左传》所载为信，则孔悝之鼎赝而已矣。今人如欲以古器订古史，第一须有精到之眼光，能鉴别真伪不爽毫厘，方足以语此。无如历代讲钟鼎者，以伪作真者多，甲以为真，乙以为伪；乙以为真，丙以为伪。彼此互相讥弹，卒无休止。钟鼎自不能言，而真伪又无定法可求，何能得其确证哉？且钟鼎及六朝前碑版所载，多不甚著名之人，稍有名者，即无物可证。夫论史须明大体，不应琐屑以求，如云今人有四万万之多，我能知两万万人之姓名，事固非易，要亦何用？今以古器证史，则可知其人之必有者，盖无几矣。如秦半两钱在，秦诏版在，秦权、秦量在，可证始皇之必有其人矣。然汉高祖即不能证其必有，何也？铜器、货币均无有也，无从证也。王莽二十品钱（六泉、十布、错刀、契刀、货泉、货布）均在，所谓新量者（真假姑不论）亦在，王莽可证其必有矣。然光武则不能证其必有。何也？铜器、货币均无有也，无从证也。史思明顺天钱、得壹钱均在，今北京法源寺有悯忠寺宝塔颂，镌御史大夫史思明之名，是史思明可证其必有矣。然安禄山则不能证其必有。何也？货币、碑版，均无有也，无从证也。以故，以器物证史，可得者少，不可得者多。如断线之珠，无从贯穿，试问始皇有，高祖未必有。王莽有，光武未必有。史思明有，安禄山未必有。尚成其为历史耶？

以钱币论，唐以后铸钱，皆用年号。然宋仁宗改元九次，皇祐、康定之钱，传世无几，宝元以一钱须叠两宝（宝元，通宝也），未铸，铸皇宋通宝，如以无宝元钱故，即谓宝元之年号乃伪造。可乎？又明洪武时铸洪武钱，其后历朝沿用，嘉靖时补铸历朝之钱，然以永乐革除建文年号，故建文钱独不补铸，如以无建文钱故，谓建文一代之事，悉系虚造。可乎？果如今世考古之说，钱之为用，非徒可以博当时之利，且可以传万世之名，则钱之为神亦信矣。惜乎晋人作《钱神论》者，只知其一，不知其二也。

以碑版论，昔隋文帝子秦王俊死，王府僚佐请为立碑。文帝曰："欲求名，一卷史传足矣，何用碑为？"此语当时谓为通人之论，如依今人之目光言之，则此语真不达之至矣。何者？碑可恃，史不可恃也。然则碑版非徒可以谀墓，几可生死人而肉白骨矣。

且也，钱币造自政府，铜器铸由贵族，碑版之立，于汉亦须功曹、孝廉以上，而在齐民者绝少。使今有古代齐民之石臼在，亦无从知其属于何人，如此而谓周、秦、汉三代，除政府、贵族、功曹、孝廉而外，齐民无几也。非笑柄而何？

钟鼎、货币、碑版三事之外，有无文字而从古相传为某人之物者，世亦不乏。如晋之武库，藏孔子履、高祖斩蛇剑、王莽头三物。孔子履，其上并无孔子字样。高祖剑，未知有铭与否？王莽头，当然头上不致刻字。此三物者，武库失火，同时被焚，以其失传。谓孔子、高祖、王莽均属渺茫。可乎？设或不焚，王莽之头亦无从知其确为王莽之头也。履也、剑也，亦无从知其属于谁何也。何也？剑与履不能自言也。

又有文字本不可知，而后人坚言其为某某字者，如《西京杂记》载夏侯婴求葬地，下有石椁，铭曰："佳城郁郁，三千年见白日，吁嗟滕公居此室。"《啸堂集古录》载之，字作墨团，汗漫如朵朵菊花，当时人妄言此为某字，彼为某字，夫铭之真伪不可知，即以为真，又何从知其甲为某字，乙为某字哉？今人信龟甲者又其类也。

由此言之，求之于钟鼎、货币、碑版，而钟鼎、货币、碑版，本身已有不可信者。况即使可信，亦非人人俱有。在古器者皆不甚著名之士，则齐民又大率无有。有文字者如此，无文字者，更无从证明。如此，欲以器物订史，亦多见其愚而已矣。

夫欧人见亡国无史，不得已而求之器物，固不足怪。吾华明明有史，且记述详备，反言史不足信，须恃器物作证，以为书篇易伪，器物难伪。曾亦思"书者，契也"。前人契券，流传至后，后人阅之，即可知当时卖买之情状，虽间有伪造，考史者如官府验契，亦可以检察真伪，如不信史而信器，譬如讼庭验契时，法官两造，并不怀疑，忽有一人出而大言曰："契不足恃，要以当时交易之钱作证。"此非至愚而何？妄人之论，本不足辨，无如其说遍于国中，深恐淆惑听闻，抹杀历史，故不惮辞费而辟之，使人不为所愚，以上斥恃器证史之谬。竟。

据《章氏星期讲演会记录》第4期，1935年5月

★此为章太炎1935年5月在章氏星期讲演会上的演讲，由王謇、王乘六、吴契宁、诸祖耿记录。

略论读史之法

读史之法，一时言之不尽。今略论其大概，分三层言之。先明史之大体，次论史之优劣，三示读史之宜忌。

一、史之大体。自古相传，动则左史书之，言则右史书之。言为《尚书》，事为《春秋》。其实不然。《春秋》经文固是纪事，《尚书》则不专纪言，纪事之处亦多，特是未成之史，所谓史料者尔。《尚书》之外有《逸周书》，与《尚书》性质相同，纪事而亦纪言，要皆未经编次之史料也。《春秋》与《左传》为表里。《左传》兼备事言，是故拘于事言之分，正未必然。后人论史，以纪传之体为正史，编年之体为古史。论其性质，则本纪仍为编年，惟与《春秋》不甚同耳。无本纪，编年不能成。史公作本纪，复作表以辅之，年经月纬，较《春秋》为详。纪表之外，有世家，有列传。世家惟《史记》可有之，后不当有。列传变《春秋》之体，《春秋》以事为主，列传以人为主也。《史记》之八书与他史之志，职官等于《周礼》；《礼志》等于《仪礼》；《天官》《地理》，古所未有；《禹贡》虽略载山川，而不详郡国；《乐志》详载郊祀歌，体类《诗经》。

盖马、班之意，在隐括六经之旨而成文。故于《书》《诗》《礼》《乐》无所不该。论其大体，则主于《春秋》也。后人以为纪传之体不主于事，而主于人，于是有繁省不明之弊。如语在《项籍传》，语在《高祖纪》，参差回互，缴绕不清。故荀悦、袁宏仍有编年之作。编年之史，在昔只有《春秋》而已。刘知几谓，凡纪言之文，应别立一种。然不善编排，史籍将变为文集。章实斋以之修志，此为好奇，未可法也。世家之体，原本封建。封建既废，即无所谓世家。载记之名，较世家为妥，始于《东观汉纪》，记光武初群雄并起之事。当时群雄皆各称帝以号召，故不应称曰世家。然陈涉之事，及身而止，亦不应称世家。如称载记，与晋十七国之事相同，即无可非议。《史记》无载记之名，欧阳修重作《五代史》，壹以史公为法，于南唐、前后蜀、南东汉、楚、闽、吴、越均称世家，其实不合。当时仅吴越钱氏、荆南高氏服从中央，其余则否，安得皆称世家哉？欧阳之意，一则刻意摹古，再则《旧五代史》荒谬泰甚，凡服从中央者称世袭列传，不服从者称僭伪列传。五代纷争，僭与不僭，何从定之？欧阳所以悉改为世家，不知称载记即无病，称世家犹未当也。又如《明史》有《流寇列传》。李自成转徙不常，目为流寇，名实未背。张献忠定都四川，则不得以流寇目之。《清史稿》记郑成功、洪秀全别为一类。郑有帝号，洪称天王，不能以诸疾〔侯〕之礼待之。如曰载记，即名实相副矣。此外非史公所有，而后人有一得可采者，世纪是也。阿骨打未起以前，其祖已为酋长，统率数千人矣。托克托等修《金史》，于本纪之前别列世纪，其意与《始皇本纪》之前有《秦本纪》相同。魏收作《魏书》，拓跋珪前二十七代均入《帝纪》，不合史法，识者所笑。若列为世纪，则无可訾矣。清之初起，世受明封，非草泽英雄可比。《清史稿》不列世纪，直以本纪发端，载清太宗事如草泽英雄，亦无当于史法也。载记《史》《汉》所无；世纪史公有其义而无其名，虽出后人，实为史中要目。

他如列传之标题，《史》《汉》尚少，后出愈多，史公列日者、龟策，已甚无谓。刺客后不常有，滑稽亦无须标目，独货殖为重要。民间营利之事，非《食货志》所载者，固当详为纪述，至儒林、文苑之分，出于不得已，未可厚非。叛逆之名，《新唐书》始有之，前此唐修《晋书》，王敦、桓温并未别立叛逆之号。余谓列传标目与否，当以人数为断。多则宜标，少则宜省。儒林、循吏人非少数，固当标出。至于叛臣，人数实少，何必标也？奸臣传之名亦后起。奸臣与佞臣有别，若董贤为祸之大，但入《佞幸传》。奸臣当谓能害人者，不能害人，不得称奸臣也。唐有《奸臣传》，清史无之，若和珅辈只可称佞臣耳。《晋书》始有《忠义传》，其后凡一战而死者，皆入《忠义传》。然则昭忠祠血食之士，无虑千万，皆可列入耶？方望溪、全谢山迂腐之见，以《史》《汉》无《忠义传》为憾，不知其人果卓然有所表见，入列传可矣，何必标忠义之名哉？《宋史》于儒林之外，别立《道学传》。后之论者，谓宋人重道学而轻儒林。然史公于《儒林传》列说经之士，孟、荀大儒则特立一传，附以九流，由此知后世儒林、道学之分亦非无见。惟孟、荀仅二人，故不别为标题耳。钱竹汀谓宋世表章道学，程、朱诸贤应特立传，不必列入《道学传》，斯言得之。《列女传》起于《后汉书》，刘向别为《列女传》。有事即书，不别贤否，如蔡文姬节义有亏，而《后汉书》亦传之。其后变列女为烈女，稍有失德，即遭贬弃。自唐以来皆然，此失古人之意者也。

二、史之优劣。一部二十四史，人皆以太史公书第一。宋人乃以欧阳《五代史》比《史记》。其实何可比也？非徒文章不可比，即事迹亦不可比。《史》《汉》本并称，六朝、隋、唐已有《史》《汉》优劣之论，方望溪必欲推尊《史记》，压倒《汉书》，实非通论。要知《史》《汉》各有优劣，史公《乐书》全采《乐记》，优于何有？《汉书·礼乐志》，乐不过郊庙之礼，礼是空论，至若叔孙通之《朝仪》，应入《礼书》，而二家皆不载。至今一无可考，史公、孟坚皆不能辞其咎也。

有古史如此作而后人不应如此作者，如《天文志》。古代史官，兼掌天文。《史记》有《天官书》，《汉书》亦有《天文志》。测天之法不同，应著《天官书》以明之。若仅采护陈文，指明星座，则陈陈相因，何所用之？地理本史家之要，而《史记》不志。《五行志》亦《史记》所无，而《汉书》有之。其实董仲舒辈所言，于今观之，不值一笑。其后《符瑞志》更无谓矣。《明史·五行志》载牛生马、角生背、人有两头诸怪事，不载应验之言，似已明悟，实则《五行志》载生物之变异，可为生物学之参考，要亦无大用处。又史公重视游侠，其所描写，皆虎虎有生气。班氏反之，谓之乱世之奸雄，其言实亦有理。是故《史》《汉》之优劣，未可轻易下断语也。

《史》《汉》之后，首推《后汉书》。刘知几作《史通》，不云《后汉书》有曲笔，于《史》《汉》却有微词。实则范蔚宗之修《后汉书》，时隔数代，直笔无妨。且蔚宗于史有特识，不仅直笔可贵，如伴食宰相，仅载本纪，不特立传。在野有名之士，王符、仲长统之流，皆为立传。其他官位卑微而入传甚者多。朱文公作《纲目》，即采范书所载，如“曹操自为丞相”“曹操自立为魏公”“加九锡”“曹操进号魏王”，皆采自《后汉书·献帝纪》。华峤《后汉书》今不可见，疑峤书本善，而范书袭之，观蔚宗自序，称诸序论笔势纵放，实天下之奇作，其中合者往往不减《过秦篇》，尝共比方班氏所作，非但不愧之而已。不称叙事之善，而云议论之美，恐叙事直笔，华峤已然，故但称己之序论而已。惟华歆破壁牵伏后，华峤必不肯载。孔融临死，二子围棋，此事出吴人《曹瞒传》耳。

陈承祚《三国志》，前人讥之，谓不应以魏为正统，清人为之回护。余不谓然。桓、灵之恶，甚于桀、纣。曹操代汉，政治修明。虽其初起时，孔融之徒有不满之意，谓之正统，亦何不可？然司马温公谓刘备出于中山靖王后者，实亦如南唐之自称出于吴王恪，则未必然。刘备之自称宗室，若为诡说，曹氏应加反驳。曹氏不反驳，其为公认无疑。此盖与光武为长沙靖王之后相同。惟光武世系明晰，中山靖王至刘备则不能数耳。然必云正统，义有未安。桓、灵之当认为帝王与否？实为问题。而刘备之兴，又与光武不同。光武名号官制，必复汉家之旧，谓之正统可也。刘备何尝如此？故陈书三国鼎立，立意未尝不公。然于吴、蜀尚有分别，称蜀主死曰殂，称吴大帝之死曰薨。吴夫人立为皇后，而称之曰夫人，于蜀则称曰后。此实不合史法，使后人为之，即成笑柄矣。

四史之后，人以南北史最佳。宋、齐、梁、陈诸史繁简不当，《魏书》又有秽史之目。惟《北史》是非最为公正。唐人心理，以北朝为正统。以唐承隋，隋承周故。然南北史并立，南方帝王死，《北史》书之曰殂；北方帝王死，《南史》书之曰崩，此其病也。

唐人所修，前有《晋书》，后有《隋书》，其他尚有《梁书》《陈书》等。《隋书》以志见称，以其皆为专家所作也。《史通》云撰纪传者颜师古、孔颖达，撰志者于志宁、李淳风、韦安仁、李延寿、令狐德棻，皆一时之选也。《晋书》专记逸闻，体近小说，然后人亦有称之者。盖自《史》《汉》以下，可于列传之中看出其人性质产地者，首推《晋书》。观《史记·司马相如传》，可知其为四川人。观《屈原传》，可知其为两湖人。至于《晋书》列传各人之性质风度，无不栩栩欲活，安得以轻薄而少之？

《旧唐书》《旧五代史》体例本不甚佳，刘昫、薛居正伴食宰相耳，与雅擅文名之欧阳永叔、宋子京相较，宁止天渊？然吴缜作《新唐书纠谬》，驳正四百余事，真所谓百孔千疮矣。案子京《新唐书》文省于前，事增于后。唐人小说悉以为载笔之资，实则小说悠谬之词，何足信赖？何如《旧唐书》之一依官书为可信哉？是以司马温公修《通鉴》采《旧唐书》多，采《新唐书》少。于《五代史》亦然。夫历代史籍皆由官修，独《新五代史》为私家著作。私家采访，必不能普及，故至于清代，两旧史仍列入正史。《新唐书》竭力摹拟昌黎，《新五代史》竭力摹拟《史记》《春秋》。目标愈高，笔力愈不易到。论其事实，旧史实胜于新史。即以《新五代史》职方考、司天考而论，当十国错乱之际，职方固甚重要，司天亦何用哉？

其后《金史》有元遗山手稿，尚足称道。《宋史》繁琐，凡宰相必列传，官位稍高亦无不列传，甚至一人两传，何其芜杂也？《元史》仅修一年，蒙古人名氏易混，一人两传，尚不足怪。短中取长，惟《辽史》耳。

《明史》大半取诸万季野《明史稿》。今万氏原稿不可见，闻但有列传，而无表志。近朱逖先买得原稿，其为真伪不可知。惟列传多于今之《明史》。又王鸿绪《明史稿》传后无赞，今通行本每一传后有赞，事实与原本无异，恐亦如范蔚宗之书原本于华峤也。《明史稿》所以优于《明史》者，福王、唐王、桂王事为之特叙。《明史》则附于《三王宗室传》中，先后倒置，眉目不清，此其一也。《明史稿》于府县设置之沿革，备著年月，甚见清楚。重修《明史》皆删去之，此其二也。

今之清史，袁金铠、金梁等不知而妄作，更多著无关重要之事，体例至不纯粹。且清室遗老秉笔修史，是非必不公允。即如皇太后下嫁一事，证据确凿，无可讳饰，今一概末杀，何以传信？最大之病在不列世纪。纪清太祖之初起，壹似草泽英雄，有乖实录甚矣。然则清史非重修不可。今以《清史稿》开罪闻人，禁不发行，不知史之错误有二。小节出入，错误之微末者也，不难加以修正。大体乖违，则错误之深重者也，非更张不可。如以努尔哈赤写作草泽英雄，焉可以信今而传后哉？要之《清史》较《宋史》《元史》稍优，不致有一人两传之误，然比《明史》尚不逮。余谓今人修史，如文章欲力追秦、汉，则古今人不相及。无论《史》《汉》，即范、陈亦不易及。前人称南北史为优，其实《隋书》《明史》亦尚可观。如能与方驾，已为上乘。读史不必问文章之优劣，但须问事实之确否。至于议论，各人有其特见，正不必以人之议论为己之议论也。

三、读史之宜忌。读史之士学力不同，识见亦异。高者知社会之变迁，方略之当否，如观棋谱，知其运用，读史之效可施于政治，此其上也。其次考制度，明沿革，备行政之采择。正史所载，未必完备，典章制度，不得不参考《通典》《通考》诸书，譬如地理、职官二门。职官须明权限之异同，不得但据其名。地理应知交争之形势，道里之远近，要知历史上之地理，不与今之地质学、地文学相同。今人讲地理，建置沿革尚能通晓，惟有一说疑不能明。《汉书》述诸夏区域东西一万三千余里，南北九千余里。历代相沿此说不变。宋土逼窄，犹作此语。汉尺短，用清营造尺比汉尺，则汉一尺得清营造尺七寸四分。汉一万里为清七千四百里。今自蒙古至琼州只六千里，焉得有九千里？明尺即今木尺，一尺等于营造尺九寸，则万里当有九千里，数亦与今不符。汉人之言，犹可诿之测量未精，故有是误。晋裴秀为司空，作《禹贡地域图》十八篇，已知测量之法矣。六朝时遵用之，唐贾耽则有《禹迹图》《华夷图》，刘豫刻之西安，今存西安府学，观其里数亦觉过大。盖当时虽知测量，仍不知北极测地之法也。《周礼》职方氏所云九州之内东西南北相去七千里，其外相去一万里。以汉尺七四计，尚得五千一百八十里。本部南北相去断无此远，古今人皆以为疑。近人廖季平乃谓职方氏是指全地球而言。实则自汉至明，里数总不确实，凡为测量未精不知北极测地之法故也。

职官之学有职官沿革表可供参考，然有名同而实异者，不可不加审辨。如唐之六部与《周礼》六官不同，此前人已知之。《周官》冢宰乃唐之尚书令，非唐之六部也。《周礼》天官，大宗伯在汉为九卿，至清大理、太常、太仆则虚名耳。明太仆寺尚须养马，清则无其事矣。光禄寺不知起于何时，清光禄勋本郎官，不知何以变为庖厨之职？汉之鸿胪如后之理藩院。此皆名同而实不同者。古今职官名实相同者仅有县令，清之知县犹是汉之县令也。以知府比太守，即已不符。顾亭林谓太守如督抚，此语良然，以其有兵权也。日本人译西洋官制之名，于［中国］台湾、朝鲜则曰总督，称印度、［中国］香港之最高长官即曰太守，不知是否西洋文之本意如此？抑故意作此译名也？实则守之大小，本无规定。明代总兵镇守边陲，亦称曰守。以故印度总督可比太守，香港只可比巡检司而已。汉之太守与后之知府，不但名不同，实亦不同。研究职故官不应取其名，务须稽核其实。古今官制，屡改不一改矣，决非但见其名相同即可谓是同一职掌也。

他如古今度量衡之变迁沿革，亦不易知。要之考制度以裨有政，乃读史第二等事，其效已次于职方略知运用也。

读史所最忌者，妄论古人之是非是已。宋人往往好以当时之是非衡量古人，实则古人之安危利害，不应以后人之目光判断之。后人所应纠正古人者，乃如华歆，魏、晋人均赞扬之，魏之代汉，歆颜色不悦，曰我本汉臣。此之矫揉造作，而曹子建信之，何也？又如古称扬雄，几于圣人，司马温公尚然，而后人訾之。以余观之，雄不过常人而已。

复次借古事以论今事，所谓借题发挥者，亦读史所忌。王船山《读通鉴论》，于范文正贬官，欧阳修、尹师鲁、余靖与之同去，以为好名。后之朋党，即由此起。实则宋之朋党起于神宗时，范、欧四贤曷尝有此心哉？明怀宗时流寇猖獗，朝臣多议南迁，光时亨曰“国君死社稷”，以此而止。船山于时亨不加訾议，乃力斥李纲，以金人来侵，纲力主迎战，与时亨同也。不知南宋迁亦亡，不迁亦亡。其时宗泽尚在河北，所以不能成功者，以黄潜善等沮之也。如船山之言，南迁而守东都，东都亦岂易保哉？船山史论常以宋事影射明事，后之读史者往往以此矜夸。夫作诗有寄托，发感慨，原无不可，然非所语于读史也。读史当论大体，以为判案，岂可逞臆而断也！

据《制言》第53期

*此为章太炎1934年2月在章氏国学讲习会的演讲，由王乘六、诸祖耿记录。

关于《春秋》的演讲

《春秋》为史学之祖，班马之流，皆从之出。后人以其出自圣人，遽相推尊，名之曰经，而与史泾渭分矣！中国古无完全之史法，《尚书》记言，可称史矣，而略于日月，故如九年春，而不书元，后世遂有谓为文王之九年者矣，或有谓如武王之九年者矣。《尚书》称文武王皆曰见于《逸周书》。《春秋》之出，当不在周初，《周礼》人师、外师、少师所言，皆不见于《春秋》。《春秋》起于周宣王时，《墨子·明鬼》篇引周之《春秋》，而周宣王事不举，而太史公《十二诸侯年表》，亦不纪宣王以前年月，盖可知矣。然此首出之《春秋》，周之《春秋》也，各国之《春秋》又有先后出者焉，厥始自晋，晋穆后生太子名之曰仇……然亦不纪年月，史迁《十二诸侯年表》亦不记之，此事在宣王时，则晋之有史最先，盖可知也，次秦文公初有史记，次宋，次齐，次鲁……隐公前一百十九年事无所记。厥故何耶？盖各国史法，悉由太史颁布，晋、秦近周，宋、陈稍远，齐、鲁更远，故国史亦先后出也。

世皆谓孔子作《春秋》，然《左传》曰：“《春秋》之出……非圣人孰能修之？”则《春秋》非孔子作，可知也。即孔子所修，亦寥寥耳！《左传》述孔子之意者，如宋杀其大夫孔父，及天王狩于河阳是也。然史迁又言其见于旧史，则此亦非夫子之创矣。

夫史者国家之公器，非可私自修删者也。孔子不在其位，不谋其政，不可得而修史。意者夫子与鲁太史相稔故以修史之事相属乎？私修国史者有罪——班固曾以此得罪——故夫子曰：“罪我者其惟《春秋》乎？”又曰：“其义则丘窃取之矣。”曰罪，曰窃，私修之意，显然可知。后人以孟子曰“天子之事也”，遂予夫子以天子之位尊之曰素王，又以左氏为素臣，谬矣！盖事者职也；职，记微也，从史；而史者，从又执中，司其事也，则知《春秋》乃官书，非司其事者，不得书也。太史公《六国年表》曰《史记》奏上记事，汉凡各郡国事皆须上之于太史令，则《春秋》者，鲁之《春秋》，非孔子之《春秋》也，明矣！然则鲁之太史为谁耶？《史记》曰“左丘明鲁之太史也”，左氏与孔子同气相求——《论语》曰“左丘明耻之丘亦耻之”——则左氏以修史之事属孔子，固理势所可也。

周《春秋》与鲁《春秋》曷以别乎？盖周之《春秋》，天子之史也；鲁之《春秋》，诸侯之史也。诸侯之史，惟书国事；外国之事，赴而后书，不赴则不书。而赴告之确否，又不可得而辨也，其中谬误，自不可免。孔子心知其谬，故观史于周，盖非欲为《春秋》经而欲为《春秋》传也。及至左氏，乃成其书，后人皆曰“左氏因孔子《春秋》而作《左氏传》”，实则所因者，孔子观于周室之《春秋》也。故有见于经而不见于传者矣，有经所无而传载之者矣，盖以此也。桓谭《新论》云，“经如衣之有表，传如衣之有里，相辅而行”，故左氏乃作《左传》以传经文也。则《左传》之作，不出于左氏，必出于孔子矣，否则孔子观周室之史，将何为哉？且圣门弟子之言《春秋》者，除曾子外，言者盖寡，岂不以事迹不比理论，可以空言胜也耶？惟左氏与孔子同司其事，故得而述之也。或有疑《左氏传》中，记及赵襄子之死，以为丘明之年，不及其时，然卜子寿登耄耋，丘明之年，或亦与卜子相次，则固能及之矣。

汉戴宏又倡卜子授《公羊春秋》之说，殆亦以卜子、邱明同登寿考，故傅会其言耳！考《公羊》师承渊源，实不及游、夏之世。盖世说《公羊》传五世而至汉之胡毋生，胡传董仲舒，上推其年，盖不相及也。且《公羊》之出，后于《穀梁》，穀梁及见尸子，尸子与商鞅同时，穀梁又及传荀卿，则穀梁者，殆与孟子、淳于髡同时者也，而《穀梁》所引诸子，《公羊》均冠一子字，如子沈子是也，古例冠子者，师之尊称，则穀梁之友，皆公羊之师也，先后之迹，盖可知矣！又有《公羊》误用《左氏》《穀梁》者，如《左氏》定三年传，楚止蔡侯，蔡侯归，及汉执玉而沈，曰："余所有济汉而南者，有若大川！"《穀梁》亦纪其事与《左氏》相应，盖汉水者楚汉之道也；《公羊》乃改"汉"曰"河"，遂大误矣！亦足见《公羊》后于《左氏》及《穀梁》者也。秦博士答二世，有"君亲无将，将而诛焉"盖用《公羊》语。又汉博士为高帝议谥，有"拨乱世反之正"之语，亦出《公羊》，则秦汉之间，乃有此传。意者高尝入秦，或在博士诸生列也。《孟子》言《春秋》有与《公羊》同者，则《公羊》采《孟子》也。且《穀梁》谬误，少于《公羊》，亦可见《公羊》稍后，致以所误为多，此三传之源流也。

《春秋》以日月为例，亦后世之谬说。《春秋》虽记日月，实非用以为例，日月为例之说，倡自《公羊》。盖《穀梁》与尸子为友，而尸子为商鞅之师，得见秦史，不载日月，遂据以为言，其实朝聘会同之事，至后世而益繁，故书日月，庶不相误。《穀梁》不言所据，《公羊》遂误倡其说耳！

又有谓《春秋》以一字定褒贬，是尤可笑，杜预云："《春秋》不如《易》之爻卦，可相错综。"盖增减字句，自所难免，如吴人、鄫人皆曰人，盖用字之关系耳！非以褒贬，义至了然者也。

左邱明既作《春秋左氏传》以授曾参，参授吴起，起授子期，期授楚人铎椒，椒为魏王傅。魏王不能尽读《春秋》，椒乃为简篇，凡四十章，故后之言《春秋左氏》者，如韩非、吕不韦皆据椒之简篇，此本《穀梁》亦见之，故有用《左氏》者，盖据此本。如《左氏》"公矢鱼于棠"，《穀梁》曰"观鱼于棠"。又《左氏》"齐人来归卫俘"，《穀梁》曰"齐人来归卫宝"，又《左氏》"晋荀吴帅师败狄于大卤"，《穀梁》曰"败狄于太原"。可见《穀梁》用《左氏》文而稍改，不然，不应相合如是。其所抄袭，如此数条者用铎椒简本也。

《公羊》后于《穀梁》，亦有据《左传》而改者，然疵误之处迭出矣！如《春秋》齐栾枝来奔，《谷》《左》皆然，《公羊》则曰"晋栾枝来奔"。又"郑公孙夏帅师伐陈"，《公羊》改"夏"为"嚁"，而齐仲孙（湫）来，《公羊》则曰："齐仲孙，其鲁仲孙欤？"盖见其上下文有鲁仲孙，故以《春秋》解《春秋》，不知他经皆可以经解，独《春秋》不可以经解也。《公羊》之弊，一则以《春秋》为《春秋》，一则以一字定褒贬，考厥出来，盖以不见国史，致有误传也。

后世之附会《公羊》者，倡黜周尊鲁之说，新周故宋之言，皆极可笑！夫《春秋》鲁之《春秋》也，非周之《春秋》也。故以鲁元纪年，不用周之年号，势所然也；夫子曷尝黜周等鲁哉！且夫子重礼正名，又乌有降周为诸侯，而尊鲁为君之理哉！至于新周故宋，说尤可笑，盖宋弑其君及其大夫孔父，传曰："不称名，盖为祖讳也，孔子故宋也。"《公羊》误读其文，而曰故宋，又误于"成周宣谢灾"下处新周之文，以偶之，遂有新周故宋之误矣！

又有以《春秋》春王正月、春王二月、春王三月，以为《春秋》合用三正而有通三统之说，遂以汉制寅之制，本于《春秋》。然考诸钟鼎，夏秋冬，亦多有夏王秋王冬王之称，则知古制如此，后以过烦，故举春以概其余年。《公羊》明言大一统，盖得其实，曷尝有通三统之言哉！

《公羊》又言所见异词，所闻异词，所传闻异词，以为所见太平之世也，所闻升平之世也，所传闻拨乱反正之世也，分《春秋》为三时期，而不知《春秋》二百四十年，皆拨乱反正之世也。

《左氏》曰，“卿可会伯子男”；《公羊》则曰，“伯子男一也”。伯子男同称者，如《国语》：“诸侯有卿无军，伯子男有大夫无卿，天子势贵也，以公侯为官正，以伯子男为师旅。”然周制公为一等，侯伯为一等，子男为一等，及至《春秋》以往，则所改已多，然不可谓伯子男为一等，则可知也。

尚有三传所同而其名后出者，如内诸侯而外夷狄，三传同之，诸夏指其君，夷狄指其国，名曰狄曰戎是也，及《公羊》乃有其名。

汉谓书孔子作《春秋》记世卿专政，三传皆同有之，如季氏出君等是也；然《左氏》之言世卿，曰鲁之季氏，齐之陈氏，晋之赵氏，《公》《谷》乃曰齐为崔氏，鲁为尹氏，然崔氏在齐，与高国氏不和，不久即败，尹氏未专鲁政，亦非世卿，盖以《左氏》之言为得。盖《左传》纪三家专晋，季氏出君（昭公）而止矣。

或者又以为“《春秋》作而乱臣贼子惧”，则胡为书君之恶？不知董狐之记崔杼，使人知其罪而伐之所以警臣下也；孔子作《春秋》，所以戒人君也。君无恶政，则人臣不得施其贼矣！盖《春秋》之世，弑君篡国之事，迭作并兴，故学者多有法家色彩，故《老子》曰：“国之利器不可示人。”皆使人君知所为也，人君善则乱臣贼子惧矣！否则大奸巨猾，岂惧后史书一名字便足止当前之利禄哉？后人误会，乃有口诛笔伐之语，误矣！

综之，三传大处多有同者，不然，则立其一而其二可废矣，何为迭有兴废，而终能并存哉？

据《国专季刊》第1期

*此为章太炎1933年5月在无锡国学专门学校的演讲，由卢景纯记录。

《春秋》三传之起源及其得失

余讲《春秋》，历四十年。尝谓《春秋》者，司马迁、班固以前唯一之史也。《春秋》未作，世无正式之史。《尚书》或纪言，或纪事，真有似断烂朝报无年月可寻，设无《书序》，何由知其条贯？即有纪年者，亦不甚明白。如《太誓》云唯九年四月，究不明何王之九年？《洪范》云唯十有三祀，亦不明何王之十三祀也？且或称唯十有三祀，或称既克商二年，纪年之法之不统一如是，故必待《春秋》之作，方为有正式之史也。

周初无《春秋》之名，《周官》小史掌邦国之志，外史掌四方之志，未必即为《春秋》也。《春秋》之起，其在周宣王之世乎？《墨子·明鬼》据周之《春秋》、燕之《春秋》、宋之《春秋》、齐之《春秋》为说。至于周宣王杀杜伯以前之事，不据《春秋》而据《诗》《书》，可知周初之未有《春秋》也。《史记·十二诸侯年表》起共和元年，自尔至于鲁隐元年，凡一百十九年。史公但书某公卒，某公生，未尝著一事，其有纪事者，可知其国已有《春秋》矣。晋穆侯以条之役生太子，命之曰仇。其弟以千亩之战生，命之曰成师。《左传》不记其年，而《十二诸侯年表》明著之，盖列国之有《春秋》，晋为最早，而秦、郑次之（《秦本纪》文公十三年初有史以记事），宋在其后，齐、鲁更后。其所以有先后者，周室颁书法于诸侯，由近及远，晋近王畿，秦迩西都，郑本畿内，故受法在先。宋距西周已远，齐、鲁更处东海，斯在后矣。

《左传》云："《春秋》之称微而显，志而晦，婉而成章，尽而不污，惩恶而劝善，非圣人谁能修之？"然孔子所修，实亦无多。僖二十八年"天王狩于河阳"，《左氏》载仲尼之言曰："以臣召君，不可以训，故书曰天王狩于河阳。"太史公称孔子读史记至文公，曰："诸侯无召王，王狩河阳者，《春秋》讳之也。"孔子之特笔有明文可据者，止此一条，余无所见。杜预以为诸称书、不书、先书、故书、不言、不称、书曰之类，皆史官旧文，是孔子所笔削者固甚少矣。然而孟子称"孔子作《春秋》"，又称"孔子曰罪我者其惟《春秋》"，岂删改一二条即可谓之作耶？即以此见罪耶？盖《春秋》者官史也，孔子不在其位，不当私修官史。班固坐私修官史而得罪，以后例前，所谓“罪我者其惟《春秋》”者，信矣。孔子又曰，“其义则丘窃取之”者，当时国史，不容人看，窃取即偷看之谓矣。又曰，“《春秋》天子之事者”，《说文》：“事字从史，职也。职，记微也。”微，即徽字。职，即帜字。故事有记志之义，是谓《春秋》为天子之史记也。列国之史，皆藏周室（《六国表》云，史记藏周室，汉则郡国之事藏太史令。），故云天子之事。然孔子所修者，鲁之《春秋》也。惟其为鲁之《春秋》，非周之《春秋》，其记列国事实或有不确。如诸侯之卒，但据赴告而书之，赴告月日有误，鲁史不能正之。太史公称孔子西观周室，论史记旧闻，即为《春秋》有乖事实者，故必与左丘明如周，观书于周史，而修《春秋》之经。丘明因孔子所录周之史记而为之传，然则《左传》所载，即是《春秋》经之考异，论事实以周史记为准，论书法以鲁《春秋》为准。所以然者，孔子鲁人，所修者鲁史，不得与于天子之事也。经传之不同，凡为此故。桓谭《新论》称，“《春秋》经传，互为表里，相持而成”，是谓经传之同修也。盖若事据周记，以改鲁史，即非鲁之《春秋》，故必经传相持，则事义俱备。然而太史公云，鲁君子左丘明惧弟子人人异端，各安其意，失其真，故因孔子史记，具论其语，成《左氏春秋》。此则未谛，丘明即不作传，孔子且自作之，何也？欲为考异，不得有经而阙传也。古之学者，三年而通一艺，自获麟至孔子之卒，才得再期，学未及通，何由退而异言？《论语》所载，未有弟子论《春秋》之语，《大戴礼》有《曾子》十篇，亦无一言及《春秋》者，乌睹所谓退而异言者耶？是知孔、左经传，同时述作，经亦有君子之新意，传非无圣人所斟酌，不为弟子异言而具论其语，审矣。

次论作传之左丘明。世之疑左丘明者，谓据《论语》丘明及见孔子，而《左传》记赵襄子、楚惠王事，赵襄子、楚惠王卒于鲁元公之初，鲁元上距获麟之岁五十余年，丘明不应寿考至是。然孔门弟子子夏之年，更寿于丘明。孔子之卒，子夏年二十有九，至魏文侯十八年受经子夏，子夏年百有一。盖子夏与丘明易混，子夏年高，丘明亦年高。子夏失明，丘明亦失明。然子夏不传《春秋》也。公羊受于子夏之说，起于东汉之戴宏，西汉无是言也。董仲舒传《公羊》者也。刘向谓其师友渊源，犹未及乎游、夏，是矣。大抵丘明之年，与子夏次比。丘明作传，传之曾申，申传吴起。穀梁在吴起后，所引尸子，即尸佼也。佼与商鞅同时，穀梁与孟子时代相近。《公羊传》有“子沈子曰”，何休《解诂》称“子者是其师”，而《穀梁》但作“沈子曰”，可知穀梁在公羊前，且公羊之袭穀梁，痕迹显然。蔡侯归用事乎汉，《穀梁》文也。自楚入蔡，必渡汉水，《公羊》不审地望，改汉为河。此袭《穀梁》而误者也。公羊氏五世姓名，于史无征。秦二世召博士诸儒生问曰：“楚戍卒攻蕲入陈，于公如何？”博士诸生三十余人前曰：“人臣无将，将即反，罪死无赦。”此本《公羊》之文，“君亲无将，将而诛焉”。汉高祖崩，群臣议谥，皆曰：“高祖起微细，拨乱世，反诸正，平定天下，为汉太祖。”拨乱世，反诸正，亦《公羊》文也。是知《公羊》行于秦、汉之际，其人上不及子夏，下不至汉，殆周、秦间人也。孟子述孔子之言曰，“其义则丘窃取之矣”。《公羊》亦云，此乃《公羊》之袭《孟子》，非《孟子》之采《公羊》也。以余所知，三传之起源如此。

据《春秋》经而作传，其事非易。《穀梁》在前，其言不多，误亦不多。《公羊》在后，言多而误亦多矣。纪年纪月，始于《尚书》。《春秋》则纪时，或书月书日。二传多以日月生义，以为褒贬，此说于古无征。盖穀梁与尸子为友，尸子并商鞅时，见秦《春秋》不书月日（见《六国表》），遂谓《春秋》本以时纪，其书月书日者褒贬所生也。而《穀梁》即用其说也，不知事有远近，斯书有详略，鲁文公以前，朝聘征伐之事少，故书日尚略。其后渐多，故不可不谨于书日，《穀梁》壹以秦记为准，而怪鲁史之详于月日，然未尝自明其说之由来。《公羊》不悟，起例滋多矣。

刘向《别录》称丘明作传授曾申，申授吴起，起授其子期，期授铎椒。而《十二诸侯年表》称铎椒为楚威王傅，为王不能尽观《春秋》，采取成败，卒四十章，为《铎氏微》。《铎氏微》者，《左氏春秋》之节本也。《左氏》之书合经传十九万言，古者简重帛贵，传写匪易，而《韩非子》《吕氏春秋》皆载春秋时事，其语殆本于铎椒，即《穀梁》亦似曾见《铎氏微》者。有三事可为《穀梁》袭《左氏》之证，一者《左氏》经"公矢鱼于棠"，《穀梁》作"公观鱼于棠"；二者《左氏》经"齐人来归卫俘"，《穀梁》作"齐人来归卫宝"；三者《左氏》经"晋荀吴帅师败狄于大卤"，《穀梁》作"晋荀吴帅师败狄于太原"。此三条不合《左氏》经而合《左氏》传，知其非贸然以声音训诂易之也，若不见《左氏》书，不致雷同如此。若尽见《左氏》书，又不致有其余之不同。其所见者，盖《铎氏微》也。《铎氏微》所载，据而改之；所不载者，亦无由改之也。《公羊》在《穀梁》后，故于此三条得据于《穀梁》，余无所据而擅改者，即多可笑。如《春秋》经"齐栾施来奔”，《左氏》《穀梁》所同，《公羊》则作“晋栾施来奔”。《春秋》经“郑公孙夏帅师伐陈”，亦《左氏》《穀梁》所同，《公羊》则作“郑公孙啯帅师伐陈”。盖《公羊》见经文晋有栾书、栾盈，故改齐为晋，见襄十五年经有公孙啯，故改公孙夏为公孙啯，不知据《左传》公孙啯于襄十九年卒，至伐陈时不得更有公孙啯也。又《春秋》经“齐仲孙来”，《左氏》传“齐仲孙湫来省难”，《公羊》以仲孙为公子庆父，引子女子之言曰：“以《春秋》为《春秋》，其诸吾仲孙与？”盖《公羊》见鲁《春秋》有仲孙，以为唯鲁有仲孙，故成此笑柄。夫以经解经，不可施于《春秋》，何得言“以《春秋》为《春秋》”乎？此之缪误，由于不见周室史记，而恣为臆说。然而清世说《公羊》者迂怪之谈，则非《公羊》所本有。所谓“通三统”“张三世”“为汉制法”“黜周王鲁者”，但见于董仲舒之书，诡诞之徒，以之诬蔑《公羊》，学贵求真，是不可不为《公羊》洗刷者也。

《春秋》经“元年春王正月”，《左传》“元年春王周正月”。所谓王周者，犹后世称皇明、皇清耳。《公羊》曰：“王者孰谓？谓文王也。曷为先言王而后言正月？王正月也。何言乎王正月？大一统也。”《公羊》以文王周之始王解王正月，意与《左氏》正同，本言大一统，未尝言三统也。夏秋冬月不著王字者，钟鼎则多有王二月、王三月、王四月、王五月之文，《春秋》月必书王，则失之繁，故为省文尔。《公羊》不见国史，故云“所见异辞，所闻异辞，所传闻异辞”，然固无衰乱、升平、太平三世之说。《公羊》云：“拨乱世，反诸正，莫近诸《春秋》。”春秋二百四十二年，皆乱世也，焉有升平、太平之世乎？至谓“为汉制法”，试问公羊作传之时，亦何从知汉家之兴，而预为制法乎？董仲舒谓周法五行，爵五等，汉法三光，爵三等，试问五行、三光，竟与治乱何关？乃孔子之不惮烦而改诸。楚灵王时，宋左师献公合诸侯之礼六，郑子产献伯子男会公之礼六。《国语》叔孙穆子曰：“诸侯有卿无军，伯子男有大夫无卿。”伍举曰：“天子之贵也，唯其以公侯为官正，而以伯子男为师旅。”此皆伯子男并称。《公羊》亦云：“《春秋》伯子男一也。”《公羊》虽未见《左传》，犹知春秋之制与周初不同。周初之制据于《周礼》，至春秋时而《周礼》之改变者多矣。董生不悟，则以为孔子“为汉制法”尔。其尤不通者，所谓黜周、王鲁、新周、故宋是也。杜预云：“《春秋》所书之王，即平王也。所用之历，即周正也。所称之公，即鲁隐也。”安在其黜周而王鲁乎？故宋一语，本出《穀梁》。《穀梁传》“孔子故宋也”。范宁曰，孔子旧是宋人。新周则出《公羊》。《公羊传》：“成周者何？东周也。成周宣榭灾，何以书？新周也。”此所谓新周，与《尚书》新邑同意。安在其上黜杞而下故宋也？试思孔子鲁之大夫，有何权力，以鲁隐为受命王，黜周为二王后耶？此等迂怪之谈，固无明文见于《公羊》者也。

至于《春秋》大义，“内诸夏而外夷狄”，三传所同。讥世卿本出《公羊》，然张敞治《左氏》，亦言“《春秋》讥世卿”。盖《左传》记乐祁之言曰：“政在季氏三世矣，鲁君丧政四公矣。”又记孔子之言曰：“惟器与名，不可以假人。”是皆讥世卿之言。所讥者，鲁之季氏、齐之陈氏、晋之赵氏。丘明与圣人同耻，故于陈恒之代齐，三桓之出君，赵氏之分晋，具载其事。而《公羊》则以周之尹氏、齐之崔氏当之，不知尹氏当时并未擅权，崔氏与高国不合而出奔。崔杼返国，二年而败，不足以当世卿也。《穀梁》亦有与《左氏》同义者，《穀梁》云，“称国以弑其君，君恶甚矣”。此与《左氏》所云弑君、称君、君无道者义相发明。然《春秋》所书赵盾弑其君、崔杼弑其君，当孔子笔削时，其人皆已死矣。是乃谚所谓打死老虎，则何缘作《春秋》而乱臣贼子惧也？盖《春秋》之作，贵在劝戒，非但明罚而已。后有荀悦之《汉纪》，司马光之《通鉴》，其效正同。《左氏》之传，详载事实，使读其书者，惩往事以防将来，则乱臣贼子之原自绝，是以法家韩非采《左氏》事实特多。若谓《春秋》之道，但在明法底罪，以惧乱臣贼子，则已死之乱臣贼子，何由知惧？见在之乱臣贼子，大利当前，又何恤于口诛笔伐哉？

据《制言》第56期

★此为章太炎1933年3月15日在江苏省立无锡师范学校的演讲，由诸祖耿记录。

文章流别

向来论文，有《文心雕龙》一类的书，今天，可以不必依照他们去讲。

大概最初的文章，都是有韵的。譬如《尧典》之类，叙事也须用韵，后来渐渐变为散文。春秋以前，完全叙事还叙不来。《尚书》叙事，一篇中偶有一二段，完全效〔叙〕事的，很少很少。把《尚书》和汉碑相比，觉得很是相像。就《尧典》而论，语不质直，都是概括的称赞，和汉碑很相像，汉碑的体例，一件事状之后，总是加上几句考语，《尧典》也是如此。所以，最初的叙事是叙不来的。到了《春秋》，方才能够叙事。议论最初已有，《尚书·皋陶谟》便是。古人喜欢用韵，从《皋陶谟》到商周诰誓，还不大有韵。《春秋》《国语》中的议论，语带骈俪，到了汉朝，竟有用韵来做议论文的。大约叙事文在春秋时代方算成立，议论文在七国时代方算成立。汉朝议论文没有进步，反而退步。奏议擅长，议论文用韵，便不擅长。此后魏晋之间，论比汉好。名理精微的地方，汉人不及魏晋。所以清谈虽然有弊，从名理之文内容精深一点上看来，未始没有益处。

叙事议论之外，还有一种文章，一般人不大留意。这种文章，不是叙事，也不是论议，是一种排比铺张的文章。《禹贡》不能算做叙事文；《周礼》每一官下，有许多的排比铺张，这一种，只可叫做“数典”。寻常文章，不外乎叙事议论，至于数典一类，寻常人不大会做，史中的志，便是属于这一类的。

无韵的文章是一类，有韵的文章又是一类。有韵的文章，在古人只有诗。由诗生赋，以及箴铭哀诔等等。箴向来便有韵，铭却未必有韵，这都是在诗的范围以外的，总之，都是韵文。我想无韵的可以分为三种：一叙事，二议论，三数典。有韵的可以分为诗箴铭诔等等，列举项目，不胜其繁，任昉《文章缘起》分做八十多类，我以为不必如此的繁。

文章的体裁，大概如此。现在再讲一讲文章的刚柔强弱和国势民情的关系。

一代有一代的文章，当时看了很好，过后或许不以为然。周以前材料缺乏，好坏无从评起。就周朝一代而论，周文经过三变。周初，口说的议论少，只有《周礼》一部，完全是数典的文章，到了春秋，三种都很像样。关于国势，春秋是微弱不振的时代，所以文章和平而带有柔性。战国时代的文章，便变为刚性了。从战国到秦代，刚性更加厉害，每篇文章，都是虚字少而语句斩截。汉文比秦文稍觉宽和，但是气魄洪大，总是带有刚性。东汉还是如此，到了三国，渐渐由刚变柔，曹操、诸葛亮的文章，还是带有刚性。他们语句不多，篇幅短小。后来中国衰弱，局势分碎，晋文便变为柔性，假如借日人“壮美”“优美”的话来讲，从战国到三国，是壮美的，晋代便是优美的了。国势如此，文章亦然。南朝富有柔性，北朝似乎两样一些，但是刚性仍少，一直到了唐朝，才由柔性变为刚性。这种情形，并非起于韩昌黎，昌黎以前的骈体，已是具有刚性的了。燕、许大手笔，即可作为证据。当时国势强盛，所以文章都是诘屈聱牙，直至韩、柳，总是如此。当时昌黎以为好的文章，别人没有称之为坏的。譬如李观、樊宗师一流，文章都是诘屈聱牙，唐人都是以为好的。昌黎以下，有皇甫湜、孙樵，都是如此。气魄当然昌黎最大，后来的人，都及不上他，但是都带刚性，这是同一的。经过五代破碎的局面，到了宋代，国势仍旧衰弱。柳开、王禹偁，才力薄弱，算不来好的作家。和欧阳修同时做文章的，有尹师鲁（洙），他比柳开要略胜一筹，他和苏舜钦、宋祁，都带一些刚气，苏舜钦的境遇，和柳柳州相近，文亦近柳。宋祁是学昌黎的，所以，亦带一些刚气。然而这三人的文章，宋人并不喜欢。所以，欧阳修的文章，得到通行，他们三人，却不通行了。欧和尹、苏，恰巧立于反对地位。欧文纯是优美的偏于柔性，曾巩、苏轼，十分刚气的文章都没有，宋朝的国势，和晋朝相差不远，所以文章都是柔性，所可分别的，不过晋含骈，宋少骈而已。宋人喜欢委宛，不喜欢倔强，和唐文截然不同。后人称唐宋八家，实则宋的六家，和韩、柳截然不同。所同者，在不做骈体罢了。当时欧阳修反对太学生刘辉，因为刘辉的文章中有“天地豁，万物轧，圣人茁”等生硬的句子，所以深恶痛绝。这种文章假如叫宋祁或韩愈去看，他们一定称赞。假如樊宗师生在宋朝，欧阳修定要痛骂。唐人以为韩愈的文章好，略带一些柔性，便不喜欢。陆宣公的文章，委宛详尽，受后代人的称赞，但是和唐人是不相宜的，所以当时没有称赞他的。反而言之，当然尹、苏的文章，宋人要不喜欢了。国势强，文气便刚，一般人也喜欢刚强的文章，国势弱，文气便柔，一般人亦厌恶刚性的文章。明初文章，盛行一种老生常谈而又陈腐不堪的台阁体，由此一变而为李空同、何大复，他们诗好，文却不好。他们要想文学秦汉，其实那里学得到？即使学得，也未免举鼎绝膑，面红耳赤，没有自然的态度。明七子的文章，便可以代表明朝的国势。明朝比汉朝比不来，比唐朝也比不来，比六朝、宋朝，却绰乎有余，对于属国，架子摆得很大。明朝以前，无论那一朝，没有故为尊严，摆出大架子的。举一个例来说，譬如朝鲜、安南，明朝的天使到时，不肯走进他们的城门，必定要架了天桥，从天上下来，表示上国的威风。对于南洋小国，架子更大，小国对于明朝，又有“代身金人”的崇奉。明朝强迫满人自称“奴才”，对待南洋小国，亦是如此。明朝的架子，比较汉唐，真是大了好几倍，但是，实力不如。明七子的文章，亦是如此，架子虽大，实力不充，这是他们根本的弊病。这种文章，行了一百多年，当时以为不差，过后便不甚注意了。归震川的文章，和明朝没有关系，却开了清朝一代的风气。清朝国势很强，但是，这不是汉人的势力，所以汉人的文章，没有刚性。魏叔子是明朝的遗民，他的文章，带有刚性，清朝人却不喜欢，说他不甚干净。其实汉人愿意为奴，所以喜欢柔性，魏叔子不然，所以人家不喜欢。曾涤生出来，文即两样。奴虽仍旧是奴，正如《史记》所说的“桀黠奴”，奴的力量，几乎可以压倒主人，他的文章，便带刚性。其余“桐城”“阳湖”，都是柔性的。以此可见文章的忽而重柔，忽而重刚，完全关于当时的国势，关于一己的能力，从春秋到现在，一些也没有例外的。至于批评的时美时恶，也如衣服之时髦与否一样，或大或小，或长或短，随着当时的眼光而定，理由是说不出来的。清朝自从曾涤生以后，文章虽然仍带柔性，但是，吴挚甫之流，即稍有刚性了。当时满人势力渐衰，汉人渐渐强盛，所以比较方望溪、姚姬传便有刚气，文章因乎国势民情，真是一毫不爽的。至于骈文、散文，只是表面上的分别，和刚柔不相干。唐人散文刚，骈文亦刚。宋人散文柔，四六文更柔。所以，骈散之分，只是表面，和刚柔是不相干的。

近来讲文学的人很少，骈散之争亦没有。在清朝末年，这是很利害的一番争论。阮芸台以为骈文是文章的正宗，矫向来重散不重骈之弊。其实这是无理取闹，不足深论的。我们须得知道，骈文、散文，有不能相符之处，譬如数典文都是俪语，不是俪语，便看不清楚，这是文章上不得不然之势。至于直叙，断乎无须俪语，譬如《春秋》《仪礼》，断乎不能用骈文来做。阮芸台不懂这层道理，单说骈文是正宗，抬出孔子来压服人家，以为孔子作《文言》，文是骈体，所以必须骈体方得算文，其实这是压不来的，何以孔子作《春秋》，一句也不用骈语呢？他不知道相宜不相宜，所以如此胡说。《易经》虽非数典，但是阴阳相对，吉凶相对，正和非正相对，所以可用骈语。譬如我们有两只眼睛、两个耳朵，同时还有一个鼻子、一张嘴巴，我们究竟把那一件叫做正宗呢？骈文的开端，要算《周礼》，《文言》是骈，《老子》之类，有时也有骈语，但这种只可叫做俪语，到底不能叫做骈体。有人说邹阳《上梁王书》是骈体，其实还不是骈体，直到《圣主得贤臣颂》才可以算真的骈体。四六文到庾子山、徐孝穆才渐渐开端，以前虽然有一两句，只是偶然的逢着，不是有意的去做，孔融《荐祢衡表》“钧天广乐，必有奇丽之观；帝室皇居，必畜非常之宝”，这两句真是四六。假如《后汉书》不载这文，后人必定疑为伪造。这种体裁，当时并不通行。到齐、梁之间，才渐渐发展成熟，所以四六的成立，总要推徐、庾二家，后来继承的人，是晚唐的李义山，燕、许还不是四六，宋人便都走这一条路了。清末争论的人，着眼于骈散之分，四六却不在其内，不知道骈和四六，亦是两样。唐人如韩昌黎不做骈文，柳柳州却很有骈文。又如吕温（化光），他的骈文，和晋人相近，当时柳柳州、刘梦得都很称赞。韩、柳和宋人所共同反对的，不是骈体，实是四六，所以我们不得不把骈和四六，划清界限。姚惜抱和李申耆是师生，他们却起了一番重大的争执。姚选《古文辞类纂》，李选《骈体文钞》和他反对。在实际上，他们各有不能成立之处，既云古文，便须都选古文；唐人古文已是很少，到了归震川，何尝可以称为古文？所以，我以为姚惜抱的《古文辞类纂》，叫做“散文辞类纂”则可，叫做“古文辞类纂”则不可。试问刘海峰的文章，有什么古呢？李选《骈体文钞》，竭力推尊骈体，把贾谊《过秦论》、太史公《报任少卿书》，都算骈文；《文选》中的文章，亦选了许多；徐、庾、温、邢，亦统统选入。试问徐、庾一派，渐渐走入四六一路的，和贾生、史公气味如何合得上？所以事实上不免叫做“四六文钞”。姚选前一段好，唐以前是古文，唐以后是散文，明以后到刘海峰，简直算不得文章，李选亦然，梁以前是骈体，梁以后只好叫做四六。他们各有拖泥带水之处，自然各不相服。假如截去下段，两方便无可非议了。《说文》引“莱一茎六穗于庖，牺双觡共抵之兽”，小徐《说文系传》驳他说，“属对精切，始自陈、隋”。可见梁以前骈体还是散漫，不像后来四六的精研。这便是骈和四六之分，小徐很能知道，不知李申耆何以不知！以前的骈文，似对非对，譬如《易经·文言》“君子体仁足以长人，嘉会足以合礼，利物足以和义，贞固足以干事”。“体仁”与“利物”，“嘉会”与“贞固”，并非动字对动字，名字对名字。不过语句整齐而已，何尝字字相对？直到齐、梁还是如此，宋人欧、曾、苏、王，亦是如此。但是，迷信四六的人，便不是如此了。譬如王子安《滕王阁序》“落霞与孤鹜齐飞，秋水共长天一色”。并非如宋人四六，天文对天文，植物对植物。叶大庆《考古质疑》却以为“落霞”是虫名，所以可对“孤鹜”。迷信四六，便有这样的妄论。流弊及于说经，高邮王氏说，“终南何有？有条有梅；终南何有？有纪有堂”。以为“堂”须对“梅”，当是“棠”字，这和“落霞”虫名的话，不是差不多吗？所以，把宋人的四六文、清人的试帖诗，强以衡断古人，这是不对的事。不懂古今文章变迁大势，便有这样的弊病。其实骈和四六，散和古文，都有界限。归、方、刘三家不能称为古文，正如现在报章体散文不能称为古文。诸君须知，宋以后的四六，不能称骈文；近来的报章体，不能称为古文，所谓界限者，即在于此。

据《苏中校刊》第69期

★此为章太炎1932年10月在苏州的演讲，由诸祖耿记录。

白话与文言之关系

白话文言，古人不分。《尚书》直言（见《七略》），而读应《尔雅》（见《汉书·艺文志》）。其所分者，非白话文言之别，乃修饰与不修饰耳。《尚书》二十九篇，口说者皆诘屈聱牙，叙事则不然。《尧典》《顾命》，文理明白，《盘庚》《康诰》《酒诰》《洛诰》《召诰》之类，则艰涩难读。古者右史记言，左史记事。叙事之篇，史官从容润饰，时间宽裕，颇加斟酌；口说之辞，记于匆卒，一言既出，驷不及舌，记录者往往急不及择，无斟酌润饰之功。且作篆之迟，迟于真草，言速记迟，难免截去语助，此异于叙事者也。商周口语，不甚修饰，至春秋战国则不然。春秋所录辞命之文，与战国时苏秦、张仪、鲁仲连之语，甚见顺适，所谓出辞气斯远鄙倍者，不去语助，自然文从字顺矣。苏、张言文合一，出口成章。当时游说之士，殆无不然。至汉，《汉书》载中山靖王入朝，闻乐涕泣，口对之辞，宛然赋体。可见言语修饰，雅擅辞令，于汉犹然。是以汉时有讥人不识字者，未闻有讥人文理不通者。赤眉之樊崇，蜀将之王平，识字无多，而文理仍通。自晋以后，言文渐分，《世说新语》所载阿堵、宁馨，即当时白话，然所载尚无大异于文言，惟特殊者有异耳。隋末士人，尚能出口成章，当时谓之书语。文帝受周之禅，与旧友荣建绪商共享富贵，荣不可，去之。后入朝，帝问："悔否？"荣曰："臣位非徐广，情类杨彪。"文帝曰："我虽不解书语，亦知卿此言为不逊。"（见《隋书·荣毗传》）文帝不读书，故云不解书语。李密与宇文化及战时，其对化及之词，颇似篇檄文，化及闻而默然，良久乃曰："共尔作相杀事，何须作书语耶？"（见《隋书·李密传》）可见士人口语，即为文章，隋唐尚然，其后乃渐衰耳。《传灯录》记禅家之语，宋人学之而成语录，其语至今不甚可晓，至《水浒传》乃渐可解。由是白话文言，不得不异其途辙。今人思以白话易文言，陈义未尝不新，然白话究能离去文言否？此疑问也。白话亦多用成语，如"水落石出""与狐谋皮"之类，不得不作括弧，何尝尽是白话哉？且如勇士、贤人，白话所无，如欲避免，须说好汉、好人。好汉、好人，究与勇士、贤人有别。元时征求遗逸，诏谓征求有本领的好人，当时荐马端临之状曰"寻得有本领的好人马端临”。（见《文献通考·序》）今人称有本领者曰才士，或曰名士，如必改用白话，亦必曰寻得有本领的好人某某。试问提倡白话之人，愿意承当否耶？以此知白话意义不全，有时仍不得不用文言也。

昌黎谓：“凡作文字，宜略识字。”学问如韩，只求略识字耳，识字如韩已不易。然仅曰略识字，盖文言只须如此也。余谓欲作白话，更宜详识字。识字之功，更宜过于昌黎。今世作白话文者，以施耐庵、曹雪芹为宗师，施、曹在当日，不过随意作小说耳，非欲于文苑中居最高地位也，亦非欲取而代之也。今人则欲取文言而代之矣，然而规模、格律，均未有定。果欲取文言而代之，则必成一统系，定一格律然后可。而识字之功，须加昌黎十倍矣。何者？以白话所用之语，不知当作何字者正多也。今通行之白话中，鄙语固多，古语亦不少，以十分分之，常语占其五，鄙语、古语复各占其半。古书中不常用之字，反存于白话，此事边方为多，而通都大邑，亦非全无古语。夫所谓白话者，依何方之话为准乎？如曰首都，则昔在北而今在南，南京、北京，语言不同。不仅此也，叙事欲声口毕肖，须录当地方言，文言如此，白话亦然。《史记·陈涉世家》：“伙颐，涉之为王沉沉者。”伙颐、沉沉，皆当时鄙俗之语，不书，则无以形容陈客之艳羡。欲使声口毕肖，用语自不能限于首都，非广采各地方言不可。然则非深通小学，如何成得白话文哉？寻常语助之字，如“焉哉乎也”，今白话中“焉哉”不用，“乎也”尚用，如乍见熟人而相寒暄曰“好呀”，“呀”即“乎”字；应人之称曰“是唉”，“唉”即“也”字。夫字文言用在句末，如必子之言夫。即白话之罢字，轻唇转而为重唇也，矣转而为哩。《说文》目声之字，或从里声，相或作梩，可证其例。乎也夫矣四字，仅声音小变而已。论理应用乎也夫矣，不应用呀唉罢哩也。

又如抑扬之词，肆训甚，《诗·崧高》“其风肆好”，即其风甚好。今江浙语称甚冷、甚热曰冷得势、热得势，其实乃肆字也。古语有声转之例，肆转而为杀，《夏小正》“狸子肇肆”。肆，杀也。今人言杀似、杀好、忒杀，杀皆甚意。又今天津语谓甚好曰好得况。况亦古音古字，《诗·出车》“仆夫况瘁”，况亦甚也。又如赞叹之词，南京人见可惊者开口大呼曰乖乖了不得，乖乖即傀傀。《说文》：“傀，伟也。”四川胥史录供，造张目哆口卷舌而不发声之字曰□，□即咄咄怪事之咄。如白话须成格律，有系统，非书正字不可，则此等字，安得不加意哉？

又如形容异状之词，今江浙人称行步两足不能相过曰垫脚走，垫应作縶。春秋卫侯之兄縶，縶《穀梁》作辄说为两足不能相过。絷从执声，故变而为垫音也。今语喉破发声不亮曰沙，《礼记·内则》“鸟皫色而沙鸣”，若严格言之字应作嘶。《汉书·王莽传》“莽大声而嘶”，嘶正字，沙假借字也。今南方呼曲背曰呵腰，北方曰哈腰，实即亚字。《说文》“亚，象人局背形”，音变而为哈，又变则为呵矣。又如动作加人之词，今上江称追奔曰撵，实当作蹑，声转而为撵矣。吊挂之吊，与吊丧意无关，《一切经音义》引《方言》：“𠄏，悬也。窗钩亦曰了𠄏，𠄏音如吊”。吊挂之吊，正应作𠄏耳。又北人语打谓揍，至东三省，则官厅叱责人犯亦曰“揍五百”“揍一千”，此字正应作盩。《说文》：“盩，引击也。”江南语以荆条或竹条击人谓之抽，抽亦盩字。又北方人称斩曰砍，此字不知何以从石？唐末已有此语，书止作坎，宋人笔记载朱温遣人相地，久而未至，温大怒，既至，问之，曰“乾上龙尾”。温入，人谓之曰：“尔若非乾上龙尾，已坎下驴头矣。”其实坎应作𢧵。《说文》：“𢧵，杀也。”其字后人亦作戡，“西伯戡黎”，旧正作𢧵也。唐人言坎，不知其语之来历，后遂妄作砍字。如此之类，白话不定统系格律即已，如须定统系，明格律，则非写正不可，故曰欲作白话文者，识字应过于昌黎也。

要之，白话中藏古语甚多，如小学不通，白话如何能好？

且今人同一句话，而南与北殊，都与鄙异，听似一字，实非一字，此非精通小学者断不能辨。如通语言不，江南、浙江曰弗，《公羊》僖二十六年传注："弗者，不之深也。"弗、不有异矣。有无之无，江南一带曰无不。无古音如模，变为是音，而通语则言没，实即《论语·阳货》"末之也已"之末，无与末又异矣。又，北人言去，如开之去声，实乃朅字，与通语曰去者义同而字异。又如打字，欧阳永叔《归田录》历举其不可解之处，朾本音宅耕切，不知何以变为打字？作德下切，且打铁、打钉，称打则可，今制一物件曰打，每一动作辄曰打，如打坐、打拱，打于何有？欧公颇以为非。余谓宅耕切之朾字，依音理不能变作德下切，今扬州鄙人呼此音如鼎，江南、浙西转如党，此实朾之音变也，而通语作德下切者，乃别一字。按挝字，《说文》作箠，乃舌上音，古无舌上，唯有舌头，故挝音变为德下切，正字当作箠，声转则为笪。《说文》："笪，笞也，音当割切。"又转而为挞，皆一语之变也。至于打量之打，字应作㶉。《说文》："㶉，量也。"音朵，转为长音即曰打矣。是故不详识字，动笔即错，其所作之白话文，乃全无格律之物。欲使白话登于文苑，则识字之功宜何如？

古人深通俗语者，皆研精小学之士。颜之推在益州，与数人同坐，初晴，见地下小光，问左右是何物？一蜀竖就视，云是豆逼耳。皆不知何谓。取来，乃小豆也。蜀土呼豆为逼，时莫之解。之推云《三苍》《说文》，皆有皀字，训粒，《通俗文》音方力反。众皆欢悟。（见《颜氏家训·劝学》篇）其孙师古作《匡谬正俗》，人问砺刀使利曰略刃，何故？师古曰："《尔雅》：略，利也。故砺刀曰略刃。"以颜氏祖孙小学之功如此，方能尽通鄙语，其功且过昌黎百倍。余谓须有颜氏祖孙之学，方可信笔作白话文。余自揣小学之功，尚未及颜氏祖孙，故不敢贸然为之，今有人误读"为絺为绤"作"为希为谷"，而悍然敢提倡白话文者，盖亦忘其颜之厚矣。

据《章氏国学讲演会记录》第2期

*此为章太炎1935年4月在章氏星期讲演会上的演讲，由王謇、王乘六、吴契宁、诸祖耿记录。

儒家之利病

儒者之称，有广狭二义。以广义言，凡士子皆得称之；以狭义言，如汉儒、宋儒始可谓儒。今姑论狭义之儒。

儒自古称柔，少振作。《汉书·艺文志》云“儒家议论多而成功少”。惟孔子及七十子则不然。春秋以后，儒家分为二宗：一曰孟子；二曰荀子。大氐经学之士多宗荀，理学之士多宗孟。然始儒者能综合之，故兼有修身、齐家、治国、平天下之功。汉儒如贾谊之徒，言词虽涉铺张，然文帝纳之，施之于政，灿然可观。是时儒者，非惟能论政治，善用兵者亦多。段颍、张奂平西羌，度尚平南蛮，卢植平黄巾，植经学、政治、军略，均卓尔不群，即三分鼎足之刘备，亦师事卢植。及后即帝位，犹谆谆教其子读《礼记》，非儒而何？曹操、孙权，皆举孝廉，亦儒之流也。唐之儒亦能综合孟、荀，故如魏徵、陆贽辈之相业，彪炳千古。至有宋理学之儒出，尊孟抑荀，于是儒者皆绌于军国大事。窃谓孟子之学，虽抗言王道，然其实郡县之才也。如“五亩之宅，树之以桑，七十者可以衣帛矣”云云，足征其可造成循吏。即孟子得时乘权，亦不过如黄霸、龚遂耳，不如荀之规模扩大。如宋儒服官者，多循吏，而于国家大政则疏，其所由来者渐矣。

昔人言，儒相推葛、陆、范、马。然诸葛治蜀全任综核，法家之流，非儒家也。当推魏徵为宜，明之刘健、徐阶，亦堪称之。余定古今儒相为魏、陆、范、马、刘、徐六人。若姚崇、宋璟亦法家也，李泌则道家也。李德裕、杨一清、张居正则善用权谋者也。

后世之儒，少有论兵者。于王阳明之武功，亦非群儒所喜，盖孟子之不论兵有以致之。若荀子则有《议兵》篇在。《荀子·议兵》篇论古兵制曰：“齐之技击，不可以遇魏氏之武卒；魏氏之武卒，不可以遇秦之锐士；秦之锐士，不可以当桓文之节制；桓文之节制，不可以敌汤武之仁义，有遇之者，若以焦熬投石焉。”

骄吝，亦儒者之深病。子曰：“如有周公之才之美，使骄且吝，其余不足观也已。”而宋儒率多自尊大，其悭吝亦深。林栗远道求学于朱子，朱子待之以脱粟饭，致林栗怀恨去，然此非徒理学诸公有之。英雄如曹操，良相如司马温公，亦不免有吝字。操临终时，尚恋其裘服，最为可笑。温公遇某生欲纳妾，贷钱二千缗，以公长函责之。如清末所称之曾国藩，政治不足述，军事有足纪，其战胜之关键，在熟读《方舆纪要》，知地理，明形势，以扼敌于死地，然亦辞不得吝字。闻李鸿章为其幕僚，月得薪水十二两。又观其家书，嘱其夫人日纺纱四两，何异臧文仲之妾织蒲，张安世家僮七百各有手技？公仪休为相，拔园葵，去织妇，以不欲与民争利也，而后世乃以此为美，亦异乎吾所闻矣。大氐儒之吝者，皆杂有墨家之风。荀子曰“墨子汲汲为天下忧不足”。惟孟、荀时，儒颇阔大，多不吝啬，以后之儒，则似不然。范文正、顾亭林则出泥不染，可法也。

理学至宋之永嘉派陈止斋、叶水心，专述制度，较余派为有实用，亦尚不免迂阔。如慕唐府兵，而以为不须糜饷。此盖信三时务农、一时讲武之说。然欲兵之选练，征兵亦须在行伍，岂得三时务农乎？至清颜习斋、李恕谷之学，重礼、乐、射、御、书、数，而射、御尤重，可谓扼要。其说之夸大者，则谓一人可兼水、火、工、虞。若陆桴亭之学，亦甚切实，惟误信致知格物之说，《思辨录》中喜论天文，其于兵法信八阵图（八阵图见唐李筌《太白阴经》）、戚继光鸳鸯阵，亦不免于迂也。

孔子之门甚广大，非皆儒也，故云“夫子之门，何其杂也”？子贡纵横家，子路任侠之士而又兼兵家。然儒家之有权谋者，亦仍本乎道家。即前所指六相中，除魏、马、刘外，陆、范、徐皆善用权谋。即尚论周公，岂非儒家之首？然其用太公主兵，足征亦任权谋矣。太公，道家也。然其所使权谋，皆露而不隐，范蠡、陈平即其流亚。反不如管仲处处守正，深沉不露，若老子则尤微妙不可测矣。如范蠡在孔子之门，亦未必见摈也。至孟、荀皆不尚权谋，其反间燕世子事，如邯郸效颦，卒致于败。故知任天下之重者，权谋本非所禁，然亦非迂儒之所可效也。

据李希泌《健行斋文录》

★此为章太炎1933年10月在章氏国学讲习会的演讲，由李希泌记录。

适宜今日之理学

理学之范围甚大，今日讲学，当择其切于时世可以补偏救弊者而提倡之，所谓急先务也。吾今所讲，分为二目，一为国人同所需要之学，一为无锡特宜注重之学。

吾尝谓理学之名，不甚妥当。宋世称道学，明代称理学，姚江则称心学。宋人反对朱晦庵者云无一实者谓之道学，可见当时不以道学为嘉名。姚江以为理在外，心在内，故不称理学而称心学。吾意理云心云，皆有可议。立身之道，发乎情，不能一断以理。一国有其礼法，一乡有其风俗，皆因情而立制，不尽合于理也。心学之名，较精确矣。然心学末流，昌狂妄行，不顾礼法，正为其专趣高明之故，吾谓当正其名曰儒学。儒家成法，下学而上达，庶无流弊。

孟子、荀卿立言不同，而并称大儒。汉儒传经，师承有别，而其学有统。仁义忠信，是其统也。即隐逸一流，亦卓然以德操名世。若三国之管宁，所居左右，无斗讼之声，礼让移于海表，常坐一木榻，积五十余年，未尝箕股，此不可不谓之真儒。顾后世鲜有诵法者，东晋有顾含，兄死而复生，阖家营视，虽母妻不能无倦，含绝弃人事，躬亲侍养，足不出户者十三年。郭璞尝遇含，欲为之筮，含曰："年在天，位在人，修己而天不与者，命也；守道而人不知者，性也。"自有性命，无劳蓍龟，此亦可谓知命之君子矣。子性绵延，有之推、师古之通学，真卿兄弟之风节，皆儒之高行，岂必学道，然后成其德性哉？今若以儒学为名，此人皆可入选也。

所谓理学，门户分歧，在宋即有朱、陆之异派。其实何止朱、陆？晦庵本与吕东莱相契，其后以东莱注重功利，渐与分途。顾论学虽不合，论交则不替，至于修己治人之道，彼此亦非相反也。明儒派别更多，王阳明反对朱学，阳明弟子又各自分派，互相反对。阳明与湛甘泉为友，其为学亦相切磋，其后王讲良知，湛讲天理，门庭遂别。王、湛之学，合传于刘蕺山。然蕺山于甘泉不甚佩服，于阳明亦有微词。其后东林派出，不满于朱学，亦不满于王学。而高景逸近于顿悟，景逸訾蕺山为禅，顾不自知其学亦由禅来也。凡此数家，学派虽不同，立身之道则同。儒家之学，本以修己治人为归宿。当今之世，讲学救国，但当取其可以修己治人，不当取其谈天论性。

谈天论性者，在昔易入于佛法，今则易入于西洋哲学。若以修己治人为主，而命之曰儒学，则宋、明诸家门户之见，都可消除。而教人自处，亦易简而有功矣。

宋儒范文正、胡安定讲学吴中，立经义治事斋，其学贵乎实习实用。同时司马、二程，以及南宋薛季宣、叶水心，皆以修己治人为学为教。近世顾亭林、陆桴亭，亦专心实学，不尚玄言。桴亭虽未尝反对性天之说，亭林则斥理学家为明心见性之儒矣。此八君子，若生于今日，则其事功必有可观，教化亦必有效也。

自侈谈性天者外，更有一派，以为一物不知，儒者之耻。此亦有流弊，亦非今日所宜提倡也。儒者竟以一物不知为耻耶？于古无征，子曰："知之为知之，不知为不知，是知也。"庄生亦言"生也有涯，知也无涯，以有涯逐无涯，殆已"。夫耻一物之不知者，有但作此说而未尝躬行。亦有躬行而终不能至焉，若朱晦庵，自知日不暇给，不复能穷知事物之理，是但言之而不行者也。若颜习斋，本近于永嘉派，以礼、乐、射、御、书、数为儒家正业，其说是也。至欲习于兵、农、钱、谷、水、火、工、虞件件而精之，则天下无此全才。自大禹之圣，治水而外，未见更有何等功业，他无论矣。即今之为科学者，亦各自专门。不知江、戴诸君，何以不悟及此？

乃至读《尧典》必测天文，读《禹贡》必究地理，岂亦为针砭俗学而然耶？（慎修崇拜朱学，故注《近思录》。东原本出江门，说经颇引晦庵之言，其作《孟子字义疏证》则有取于习斋。）然读书若此，不知何年得通一艺也？孔子曰，“吾少也贱，故多能鄙事”，明非人人必须多能。且无机衡之器，谁能测天？无四载可乘，谁能相地？此等专门之学，正恐孔子之多能，未必深通。冉求之艺，亦难遍习，单居离问曾子：“天圆而地方，诚有之乎？”曾子曰：“诚是天圆而地方，则是四角不揜也。”此谓地是平圆，而非浑圆。按之今日地理之学，固为大谬，然不以此而有损曾子之贤。《周髀算经》曰：“地滂沱四隤而下，此谓地如曼头。”亦谬也。唯泰卦云“无平不陂，无往不复”。象曰“无往不复，天地际也”，此乃知地如丸卵矣。然文王演《易》，却不以此为胜义。可知儒者所急，在乎修己治人，行有余力，以求多能，自无不可。若谓非上通天文，下知地理，不足以为儒，则非也。韩退之云《尔雅》注虫鱼，定非磊落人。退之文人，亦知求学之道，不在乎一鳞一爪，而其大体是存，则用日少而畜德多矣。

向来儒家之学，止于人事，无明心见性之说，亦无穷究自然之说。人心、道心二语，出于伪古文《尚书》，盖魏晋人之言也。试思尧、舜禅让，谅不异今日官事办移交，所谓“允执厥中”者，中即《周官》小司寇登中于天府之中，谓会计簿籍也。汉官有治中，犹称主簿尔。然则历数次在其躬，簿籍付与其手，尧、舜之事，可知之矣，夫何暇论及人心道心也哉？盖自古所称为圣人者，凡以其能开物成务而已。伏羲之结网罟，神农之制耒耜，黄帝之造书数，帝尧之治历象，其功一也。民非耕稼不生活，敬授民时，修农政也。然四时推候，但以命羲和之官，非人人而命之也。儒家祖述尧、舜，尧、舜所病，乃在不能修己以安百姓。性天下之不谈，一物之不知，非儒者之耻明矣。欧阳永叔于理学无所发明，独谓性非切要之道，则可谓知言。如今学者，好谈哲学，推究宇宙之原，庶物之根，辨驳愈多。争端愈多，于是社会愈乱，国愈不可治矣。若在太平之世，以此消遣，亦复贤乎博弈。至于乱世，而尚清谈，则东晋之祸，正是前车。亭林有言：“今之理学，亦有清谈。”试问今之哲学，竟有愈于当时之理学否？

宋明学者之取于佛法，有其范围，四禅八定，非所讳言，至于不住生死、超出三界云云，则绝口不道。然则所取佛法，仅及其半。佛法所以为殊胜者，乃先儒所不取，盖唯恐入于断灭也。今若讲论性天之学，更将有取于西洋。西洋哲学但究名理，不尚亲证，则其学与躬行无涉。科学者流，乃谓道德礼俗，皆须合于科学。此其流弊，使人玩物而丧志，纵欲以败度。今之中华，国堕边防，人轻礼法，但欲提倡科学，以图自强，是知其一，不知其二也。

次论无锡特宜注重之学。无锡本东林学派发源之地。东林之学，至清中叶而阒焉无闻。今之无锡，工厂如林，商业繁盛，非顾、高二公子之时之比。然通商之地，人心趋利，盖习俗之移人也。使二公生于今日，虽户说以理学之眇论，恐亦不能化。明儒陈白沙生于岭南，岭南通商最早，高富下贫，粤俗为甚，故白沙之教，日与弟子登涉山水，投壶赋诗，纵论古今事，不遽语及道学。而待其自悟，此盖近于曾点一派。周茂叔令二程寻孔、颜乐处，所乐何事？说是此意。今之无锡，比于明世之新会，必有过之。吾意设教者当取白沙一派，亦使学子知吾与点也之趣，然后可与适道。

班孟坚讥史公之述货殖，崇势利而羞贱贫，是非缪于圣人。然史公云："夫千乘之王，万家之侯，百室之君，尚犹患贫，而况匹夫编户之民乎？"其词有激宕焉，孔子以臧文仲妾织蒲为不仁，扬子云称公仪子、董仲舒之才之邵。以公仪子为鲁相，妇织于室而遣去，入园有葵而拔弃之，不与民争利也。仲舒为江都相，下帷三年不窥园，亦不治生产者也。然《汉书》称张安世尊为公侯，食邑万户，而身衣弋绨，夫人自纺绩，家僮七百人，绵有手技作事，内治产业，累积纤微，此其与民争利，什百于臧孙，而孟坚谓之满而不溢，岂非缪于孔子、扬云所是非耶？近代曾涤笙身为大臣，而令其室人纺纱，日程四两，此则显与公仪子所为异矣。孟献子曰：“畜马乘，不察于鸡豚。伐冰之家，不畜牛羊。百乘之家，不畜聚敛之臣。与其有聚敛之臣，宁有盗臣。”曾氏以理学家自命者也，不知其读《大学》之时，作何等感想也？

或曰刘寄奴为帝，被服居处，俭于布素。岭南献细布，则恶其精丽劳人，史家称之。如今所论，宋帝之俭，无乃贻爱财之诮乎？答曰：宋帝起自贫乏，富贵之后，不改雅度，故可称也。其禁绝侈靡，可谓上思利民，非与民争利审矣。俭为美德，犹贵中礼，况以公侯之富而与民争利乎？至许鲁斋谓儒者必先治生，阳明反对此说，亭林却以为然。吾意学者治生，与大臣积产有间。学者治生而不至空乏，则可以养其廉耻。阳明生当平世，家给人足，殆未见仕有为贫者，故不达鲁斋语趣。亭林生当乱世，所见为贫而仕者盖亦众矣，故以许说为然。

太史公曰：“富者人之情性，所不学而俱欲者也。”然以中国视西洋，则亦有间。中国贵人多有功遂身退者，富人亦有知止知足者，于西洋无闻焉。故人哈同君，富倾沪上，年八十矣，犹日夕校阅房租账簿，此非求益富以自奉也，其治产也，直与吾辈之治学不异，都无止境，死而后已。然西洋之俗，既日渐于中国，耳目欲极声色之好，口欲穷刍豢之味，身安逸乐，而心夸矜势能之荣，亦日有甚焉。昔陆子静讲君子喻于义小人喻于利一章，听者竟至泣下。使在今日讲之，宁复有感动者乎？故吾谓设教于通商之地者，莫如白沙一派为能收效也。

据《制言》第57期

★此为章太炎1933年10月23日在无锡国学专门学校的演讲，由诸祖耿记录。

在孔子诞辰纪念会上的演说

今日为纪念孔子诞辰，开此大会，且先之以祭祀。在孔子固不在此一祭，而在国人心理中则不得不纪念之。从前圣朝列入中祀，清末始升为大祀，民国初元犹然。祭孔与祭祀鬼神不同，大家须知我辈祭孔系纪念至圣先师，与宗教家心目中之鬼神迥不相牟也。尊重孔子是应当的，若认为宗教之教主则大误矣。孔子所应尊重者在何几点？从前天坛宪法以孔子之道为修身之大本，说亦近是。实则犹不止于此。自生民以来，未有甚于孔子，虽关于人事者较少，无意、无必、无固、无我，所谓子绝四者，佛教独然。现为救世计，亦不必讲太高远之道，最平易成近之道，是为人伦，为儒，孔子云，“行己有耻，使于四方，不辱君命，可以为士矣”；又云，“见利思义，见危授命，久要不忘平生之言，亦可以为成人矣”。人苟能做到此八句，人心世道之坏，决不至如今日之甚。从春秋到今日，二千四百年，一切环境，当然迭有变迁，具体的政治，《论语》不讲，《论语》单讲抽象的政治，道德齐礼，古今无异。宋赵普之“半部《论语》治天下”，半部《论语》治太平，果然欺人之语，然彼何不说半部《周礼》乎？《周礼》具体的，《论语》抽象的，故后者可行，而前者不可行也。

复次，中国立国根本在民族主义，三民主义中亦讲及之。孔子称赞管仲而曰，“微管仲吾其披发左衽矣”。内中国外夷狄，后人以为《春秋》之大义。孔子之自议者为“夷狄之有君，不如诸夏之无”也。盖言夷狄虽有君，犹不如诸夏之无君。朱子反之，遂成倒语。皇侃《论语新疏》，中国以前久成佚书，后从日本得来，清修四库，觉对于此节引申阐发处，颇触忌讳，遂讳其原文，原增鲍氏刻《知不足斋丛书》，亦讳其语。而东洋书庄中则抄本、刻本均与中国本相反，晋孙绰（《文选》中《天台山赋》之著作者）有语云，诸夏有时无君，道不荆棘，夷狄强者为主，形同禽兽，即本此邢昺疏，尚存在其意义亦然也，此最痛切语。要之，从孔子以来二千余年，中国人受外国欺侮，不知凡几。自汉以来，迭受外人欺侮，无有不能恢复者，晋受五胡逼至江南而尚不与之通款，南宋则甚至称臣称侄，元则不必论矣。然韩林儿辈并不读书，尚能恢复一部分故业，无他，孔子学说深中于人心耳。明末满人攘我神州近三百年，我人今日独能恢复我固有之国土，盖亦以儒者提倡民族主义已深入人心，故满夷一推到，即能还我中原耳。

今日国难当前，尊重孔子犹为当务之急。纪念孔子，必须以自己身体当孔子看，又须将中华民族当孔子看。如此纪念，方得纪念之道也。

据《时事新报》1935年8月31日

★此为章太炎1935年8月27日在江苏吴县举行的孔子诞辰纪念会上的演说辞。

自述治学之功夫及志向

余今日须为弟辈道者，一治学之功夫，二治学之志向也。

余家无多书，年十四五，循俗为场屋之文，非所好也，喜为高论，谓《史》《汉》易及，揣摩入八比，终不似。年十六，当应县试，病未往，任意浏览《史》《汉》，既卒业，知不明训诂，不能治《史》《汉》，乃取《说文解字》段氏注读之。适《尔雅》郝氏义疏初刊成，求得之。二书既遍，已十八岁。读《十三经注疏》，暗记尚不觉苦。毕，读《经义述闻》，始知运用《尔雅》《说文》以说经，时时改文立训，自觉非当。复读学海堂、南菁书院两《经解》皆遍。二十岁，在余杭，谈论每过侪辈，忖路径近曲园先生，乃入诂经精舍。陈说者再，先生率未许。后先生问："《礼记·明堂位》'有虞氏官五十，夏后氏官百，殷二百，周三百'，郑《注》'周三百六十官。此云三百者，记时《冬官》亡也'。《冬官》

亡于汉初，周末尚存，何郑《注》谓《冬官》亡乎？”余谓：“《王制》三卿五大夫，据孔《疏》，诸侯不立冢宰、宗伯、司寇之官，有小司徒、小司寇、小司空、小司马、小卿而无小宗伯，故大夫之数为五而非六。依《周礼》，当减三百之数，与《冬官》存否无涉也。”先生称善。又问：“《孝经》‘先王有至德要道’，‘先王’谁耶？郑《注》谓先王为禹，何以孝道始禹耶？”余谓：“经云‘先王有至德要道以顺天下’者，明政治上之孝道异寻常人也。夏后世袭，方有政治上之孝道，故孝道始禹。且《孝经》之制，本于夏后。五刑之属三千，语符《吕刑》。三千之刑，周承夏旧。知先王确为禹也。”先生亦以为然。余于同侪，知人所不知，颇自矜。既治《春秋左氏传》，为《叙录》驳常州刘氏。书成，呈曲园先生，先生摇首曰：“虽新奇，未免穿凿，后必悔之。”由是锋鋩乃敛。时经学之外，四史已前毕。全史局本力不能得，赖竹简斋书印成，以三十二版金得一部，潜心读之。既毕，谓未足，涉《通典》四五周，学渐实。三十后有著书之意，会梁卓如要共革命，乃疏书卷。及亡命东瀛，行箧惟《古经解汇函》《小学汇函》二书。客居寥寂，日披大徐《说文》，久之，觉段、桂、王、朱见俱未谛。适钱夏、黄侃、汪东辈相聚问学，遂成《小学答问》一卷。又以为学问之道，不当但求文字，文字用表语言，当进而求之语言，语言有所起，人仁天颠，义率有缘。由此寻索，觉语言统系秩然。因谓仓颉依类象形以作书，今独体象形见《说文》者，止三四百数。意当时语不止此，盖一字包数义，故三四百数已足，后则声意相迩者孳乳别生，文字乃广也。于是以声为部次，造《文始》九卷。归国后，叶奂彬见而善之，问如何想得出来？答：日读《说文》，比较会合，遂竟体完成耳。民国二年，幽于京师，舍读书无可事者。《小学答问》《文始》初稿所未及，于此时足之。《说文》："臑，臂羊矢也。"段氏不解，改"臂羊矢"为"羊矢臂"。孙仲容非之，谓"羊"或"美"之讹，"矢"或"肉"之讹。余寻医书《甲乙经》，知股内廉近阴处曰"羊矢"，方悟"臂羊矢"义。又，《说文》："设，常也。"段亦不解。余意"设"、"职"同声。《说文》："职，记散也。"《周礼》"司常掌九旗之物名，各有属以待国事"，郑《注》："属谓徽识也。"徽即小旗，古人插之于身。《说文》有"职"而无"帜"，于是了然于"设，常"之义。又，《说文》："所，二斤也。阙。"大徐音"语斤切"。余谓质〔貭〕从所，必为所声。《九章算术》刘徽《注》："张衡谓立方为质，立圆为浑。"思立方何以为质，乃悟质即所，今之斧也。斧形正方而斜，《九章》中谓为堑堵形。斤本作，小篆变乃作。两斧斴堵形颠倒相置，成立方形。立方为质者，此之谓也。所当读质，非语斤切，由此确然以信。凡此之类不胜举，皆斯时所补也。

方余壮时，《公羊》之说盛行，余起与之抗。然琐屑之谈，无豫大义。出都后，卜居沪上，十余年中，念孔子作《春秋》，语殆非实。孔子删《诗》《书》，正《礼》《乐》，未加一字，《春秋》本据鲁史，孔子述而不作，倘亦未加一字。一日，阅彭尺木书，知苏州有袁蕙纕者，言孔子以鲁史为《春秋》，未加笔削，心韪之。至苏州，求其书不得，人亦无知之者。又叶水心《习学记言》，亦言《左传》有明文，孔子笔削者无几，“天王狩于河阳”，史官讳之，非孔子笔也。于是知孔子之《春秋》，亦如班固之《汉书》，非为褒贬作也。褒贬之谈，起于孟子。孟子谓“孔子成《春秋》而乱臣贼子惧”，非谓为乱臣贼子作《春秋》也。大氐古人作史，以示君上，非为平民。司马温公作《通鉴》以进神宗，其事可证。三传同有“弑君”“称君”“君无道也”文。《穀梁》谓：“称国以弑君，君恶甚矣。”太史公《自序》亦谓：“有国者不可以不知《春秋》，前有谗而弗见，后有贼而不知。为人臣者不可以不知《春秋》，守经事而不知其宜，遭变事而不知其权。为人君父而不通于《春秋》之义者，必蒙首恶之名。为人臣子而不通于《春秋》之义者，必陷篡弑之诛，死罪之名。”人君读《春秋》，鉴往事，知为君之难，必多方以为防，防范多，斯乱臣贼子惧。喻如警备严明，盗贼自戢。若书名以示贬，如朱晦庵之《纲目》，何能使乱臣贼子惧耶？历世说《春秋》者，杜预为可取，余皆愈说愈远，啖助、赵匡、胡安国辈，均不可信。昔崔浩作《国书》三十卷，立石以彰直笔，后遭灭族之祸。孔子而若浩，不畏灭族之祸耶？太史公衔武帝，其书仍称“今上”，未贬名号。《春秋》于举事过当者，书之曰“人”。“人”本人也，无可非难。自啖、赵至胡安国，惟叶水心说《春秋》不谬。明高拱作《春秋正旨》，拱有经国致用之才，语亦可准。

《尚书》诵习多年，知其难解。江艮庭、孙渊如所说，文理前后不通，喻如吴某演说，三句之后，意即旁骛。余思古人既称古文读应《尔雅》，则依《尔雅》解《尚书》，当得其真。《尔雅》一字数训，前人守一训以为解，无或乎其难通也。意者《尔雅》本有其训，释书者遗而不取，故《尚书》难解乎？《无逸》“康功田功”，《释宫》“五达谓之康”，则“康功”者“路功”也。《盘庚》“用宏兹贲”，《大诰》“敷贲”，语均难通。《释鱼》：“龟［龜］三足贲。”古通称蓍蔡之蔡曰龟，则“用宏兹贲”者，用宏此龟也。敷龟者，陈龟也。康为路，赍为龟，《尔雅》明著其训，释书者遗之，遂不可通。以故余所著《古文尚书拾遗》，似较前人为胜。

《春秋》专论大义，《尚书》务通训诂，拘囚北京而还，说经主旨如此。

余常谓学问之道，当以愚自处，不可自以为智，偶有所得，似为智矣，犹须自视若愚。古人谓：既学矣，患其不习也；既习矣，患其不博也；既博矣，患其不精也。此古人进学之方也。大氐治学之士，当如童蒙，务于所习，熟读背诵，愚三次，智三次，学乃有成。弟辈尽有智于余者，功夫正须尔也。

余幼专治《左氏春秋》，谓章实斋"六经皆史"之语为有见；谓《春秋》即后世史家之本纪列传；谓《礼》经、《乐》书，仿佛史家之志；谓《尚书》《春秋》本为同类；谓《诗》多纪事，合称诗史；谓《易》乃哲学，史之精华，今所称"社会学"也。方余之有一知半解也。《公羊》之说，如日中天，学者煽其余焰，簧鼓一世，余故专明《左氏》以斥之。然清世《公羊》之学，初不过人一二之好奇。康有为倡改制，虽不经，犹无大害。其最谬者，在依据纬书，视《春秋》经如预言，则流弊非至掩史实逞妄说不止。民国以来，其学虽衰，而疑古之说代之，谓尧、舜、禹、汤皆儒家伪托，如此惑失本原，必将维系民族之国史全部推翻。国亡而后，人人忘其本来，永无复兴之望。余首揭《左氏》，以斥《公羊》。今之妄说，弊更甚于《公羊》，此余所以大声疾呼，谓非竭力排斥不可也。

《说文》之学，稽古者不可不讲。时至今日，尤须拓其境宇，举中国语言文字之全，无一不应究心。清末妄人，欲以罗马字易汉字，谓为易从，不知文字亡而种性失，暴者乘之，举族胥为奴虏而不复也。夫国于天地，必有与立，所不与他国同者，历史也，语言文字也。二者国之特性，不可失坠者也。昔余讲学，未斤斤及此，今则外患孔亟，非专力于此不可。余意凡史皆《春秋》，凡许书所载及后世新添之字足表语言者皆小学。尊信国史，保全中国语言文字，此余之志也。弟辈能承余志，斯无愧矣。

（一九三三年四月十八日）

*由诸祖耿记录《记本师章公自述治学之功夫及志向》，载《制言》第二十五期，一九三六年九月出版。

国家新闻出版广电总局
首届向全国推荐中华优秀传统文化普及图书

‖ 大家小书书目

国学救亡讲演录	章太炎　著　蒙　木　编
门外文谈	鲁　迅　著
经典常谈	朱自清　著
语言与文化	罗常培　著
习坎庸言校正	罗　庸　著　杜志勇　校注
鸭池十讲（增订本）	罗　庸　著　杜志勇　编订
古代汉语常识	王　力　著
国学概论新编	谭正璧　编著
文言尺牍入门	谭正璧　著
日用交谊尺牍	谭正璧　著
敦煌学概论	姜亮夫　著
训诂简论	陆宗达　著
金石丛话	施蛰存　著
常识	周有光　著　叶　芳　编
文言津逮	张中行　著
经学常谈	屈守元　著
国学讲演录	程应镠　著
英语学习	李赋宁　著
中国字典史略	刘叶秋　著
语文修养	刘叶秋　著
笔祸史谈丛	黄　裳　著
古典目录学浅说	来新夏　著
闲谈写对联	白化文　著
汉字知识	郭锡良　著
怎样使用标点符号（增订本）	苏培成　著
汉字构型学讲座	王　宁　著

诗境浅说	俞陛云　著
唐五代词境浅说	俞陛云　著
北宋词境浅说	俞陛云　著
南宋词境浅说	俞陛云　著
人间词话新注	王国维　著　滕咸惠　校注
苏辛词说	顾　随　著　陈　均　校
诗论	朱光潜　著
唐五代两宋词史稿	郑振铎　著
唐诗杂论	闻一多　著
诗词格律概要	王　力　著
唐宋词欣赏	夏承焘　著
槐屋古诗说	俞平伯　著
词学十讲	龙榆生　著
词曲概论	龙榆生　著
唐宋词格律	龙榆生　著
楚辞讲录	姜亮夫　著
读词偶记	詹安泰　著
中国古典诗歌讲稿	浦江清　著 浦汉明　彭书麟　整理
唐人绝句启蒙	李霁野　著
唐宋词启蒙	李霁野　著
唐诗研究	胡云翼　著
风诗心赏	萧涤非　著　萧光乾　萧海川　编
人民诗人杜甫	萧涤非　著　萧光乾　萧海川　编
唐宋词概说	吴世昌　著
宋词赏析	沈祖棻　著
唐人七绝诗浅释	沈祖棻　著
道教徒的诗人李白及其痛苦	李长之　著
英美现代诗谈	王佐良　著　董伯韬　编
闲坐说诗经	金性尧　著
陶渊明批评	萧望卿　著

古典诗文述略	吴小如　著
诗的魅力 ——郑敏谈外国诗歌	郑　敏　著
新诗与传统	郑　敏　著
一诗一世界	邵燕祥　著
舒芜说诗	舒　芜　著
名篇词例选说	叶嘉莹　著
汉魏六朝诗简说	王运熙　著　董伯韬　编
唐诗纵横谈	周勋初　著
楚辞讲座	汤炳正　著 汤序波　汤文瑞　整理
好诗不厌百回读	袁行霈　著
山水有清音 ——古代山水田园诗鉴要	葛晓音　著
红楼梦考证	胡　适　著
《水浒传》考证	胡　适　著
《水浒传》与中国社会	萨孟武　著
《西游记》与中国古代政治	萨孟武　著
《红楼梦》与中国旧家庭	萨孟武　著
《金瓶梅》人物	孟　超　著　张光宇　绘
水泊梁山英雄谱	孟　超　著　张光宇　绘
水浒五论	聂绀弩　著
《三国演义》试论	董每戡　著
《红楼梦》的艺术生命	吴组缃　著　刘勇强　编
《红楼梦》探源	吴世昌　著
《西游记》漫话	林　庚　著
史诗《红楼梦》	何其芳　著 王叔晖　图　蒙　木　编
细说红楼	周绍良　著
红楼小讲	周汝昌　著　周伦玲　整理

曹雪芹的故事	周汝昌　著　周伦玲　整理
古典小说漫稿	吴小如　著
三生石上旧精魂 ——中国古代小说与宗教	白化文　著
《金瓶梅》十二讲	宁宗一　著
中国古典小说十五讲	宁宗一　著
古体小说论要	程毅中　著
近体小说论要	程毅中　著
《聊斋志异》面面观	马振方　著
《儒林外史》简说	何满子　著

我的杂学	周作人　著　张丽华　编
写作常谈	叶圣陶　著
中国骈文概论	瞿兑之　著
谈修养	朱光潜　著
给青年的十二封信	朱光潜　著
论雅俗共赏	朱自清　著
文学概论讲义	老　舍　著
中国文学史导论	罗　庸　著　杜志勇　辑校
给少男少女	李霁野　著
古典文学略述	王季思　著　王兆凯　编
古典戏曲略说	王季思　著　王兆凯　编
鲁迅批判	李长之　著
唐代进士行卷与文学	程千帆　著
说八股	启　功　张中行　金克木　著
译余偶拾	杨宪益　著
文学漫识	杨宪益　著
三国谈心录	金性尧　著
夜阑话韩柳	金性尧　著
漫谈西方文学	李赋宁　著
历代笔记概述	刘叶秋　著

周作人概观	舒　芜　著
古代文学入门	王运熙　著　董伯韬　编
有琴一张	资中筠　著
中国文化与世界文化	乐黛云　著
新文学小讲	严家炎　著
回归，还是出发	高尔泰　著
文学的阅读	洪子诚　著
中国文学1949—1989	洪子诚　著
鲁迅作品细读	钱理群　著
中国戏曲	么书仪　著
元曲十题	么书仪　著
唐宋八大家——古代散文的典范	葛晓音　选译

辛亥革命亲历记	吴玉章　著
中国历史讲话	熊十力　著
中国史学入门	顾颉刚　著　何启君　整理
秦汉的方士与儒生	顾颉刚　著
三国史话	吕思勉　著
史学要论	李大钊　著
中国近代史	蒋廷黻　著
民族与古代中国史	傅斯年　著
五谷史话	万国鼎　著　徐定懿　编
民族文话	郑振铎　著
史料与史学	翦伯赞　著
秦汉史九讲	翦伯赞　著
唐代社会概略	黄现璠　著
清史简述	郑天挺　著
两汉社会生活概述	谢国桢　著
中国文化与中国的兵	雷海宗　著
元史讲座	韩儒林　著

魏晋南北朝史稿	贺昌群　著
汉唐精神	贺昌群　著
海上丝路与文化交流	常任侠　著
中国史纲	张荫麟　著
两宋史纲	张荫麟　著
北宋政治改革家王安石	邓广铭　著
从紫禁城到故宫——营建、艺术、史事	单士元　著
春秋史	童书业　著
明史简述	吴　晗　著
朱元璋传	吴　晗　著
明朝开国史	吴　晗　著
旧史新谈	吴　晗　著　习　之　编
史学遗产六讲	白寿彝　著
先秦思想讲话	杨向奎　著
司马迁之人格与风格	李长之　著
历史人物	郭沫若　著
屈原研究（增订本）	郭沫若　著
考古寻根记	苏秉琦　著
舆地勾稽六十年	谭其骧　著
魏晋南北朝隋唐史	唐长孺　著
秦汉史略	何兹全　著
魏晋南北朝史略	何兹全　著
司马迁	季镇淮　著
唐王朝的崛起与兴盛	汪　篯　著
南北朝史话	程应镠　著
二千年间	胡　绳　著
论三国人物	方诗铭　著
辽代史话	陈　述　著
考古发现与中西文化交流	宿　白　著
清史三百年	戴　逸　著

清史寻踪	戴　逸　著
走出中国近代史	章开沅　著
中国古代政治文明讲略	张传玺　著
艺术、神话与祭祀	张光直　著
	刘　静　乌鲁木加甫　译
中国古代衣食住行	许嘉璐　著
辽夏金元小史	邱树森　著
中国古代史学十讲	瞿林东　著
历代官制概述	瞿宣颖　著
宾虹论画	黄宾虹　著
中国绘画史	陈师曾　著
和青年朋友谈书法	沈尹默　著
中国画法研究	吕凤子　著
桥梁史话	茅以升　著
中国戏剧史讲座	周贻白　著
中国戏剧简史	董每戡　著
西洋戏剧简史	董每戡　著
俞平伯说昆曲	俞平伯　著　陈　均　编
新建筑与流派	童　寯　著
论园	童　寯　著
拙匠随笔	梁思成　著　林　洙　编
中国建筑艺术	梁思成　著　林　洙　编
沈从文讲文物	沈从文　著　王　风　编
中国画的艺术	徐悲鸿　著　马小起　编
中国绘画史纲	傅抱石　著
龙坡谈艺	台静农　著
中国舞蹈史话	常任侠　著
中国美术史谈	常任侠　著
说书与戏曲	金受申　著
世界美术名作二十讲	傅　雷　著

中国画论体系及其批评	李长之　著
金石书画漫谈	启　功　著　赵仁珪　编
吞山怀谷 ——中国山水园林艺术	汪菊渊　著
故宫探微	朱家溍　著
中国古代音乐与舞蹈	阴法鲁　著　刘玉才　编
梓翁说园	陈从周　著
旧戏新谈	黄　裳　著
民间年画十讲	王树村　著　姜彦文　编
民间美术与民俗	王树村　著　姜彦文　编
长城史话	罗哲文　著
天工人巧 ——中国古园林六讲	罗哲文　著
现代建筑奠基人	罗小未　著
世界桥梁趣谈	唐寰澄　著
如何欣赏一座桥	唐寰澄　著
桥梁的故事	唐寰澄　著
园林的意境	周维权　著
万方安和 ——皇家园林的故事	周维权　著
乡土漫谈	陈志华　著
现代建筑的故事	吴焕加　著
中国古代建筑概说	傅熹年　著
简易哲学纲要	蔡元培　著
大学教育	蔡元培　著 北大元培学院　编
老子、孔子、墨子及其学派	梁启超　著
春秋战国思想史话	嵇文甫　著
晚明思想史论	嵇文甫　著
新人生论	冯友兰　著

中国哲学与未来世界哲学	冯友兰　著
谈美	朱光潜　著
谈美书简	朱光潜　著
中国古代心理学思想	潘　菽　著
新人生观	罗家伦　著
佛教基本知识	周叔迦　著
儒学述要	罗　庸　著　杜志勇　辑校
老子其人其书及其学派	詹剑峰　著
周易简要	李镜池　著　李铭建　编
希腊漫话	罗念生　著
佛教常识答问	赵朴初　著
维也纳学派哲学	洪　谦　著
大一统与儒家思想	杨向奎　著
孔子的故事	李长之　著
西洋哲学史	李长之　著
哲学讲话	艾思奇　著
中国文化六讲	何兹全　著
墨子与墨家	任继愈　著
中华慧命续千年	萧萐父　著
儒学十讲	汤一介　著
汉化佛教与佛寺	白化文　著
传统文化六讲	金开诚　著　金舒年　徐令缘　编
美是自由的象征	高尔泰　著
艺术的觉醒	高尔泰　著
中华文化片论	冯天瑜　著
儒者的智慧	郭齐勇　著
中国政治思想史	吕思勉　著
市政制度	张慰慈　著
政治学大纲	张慰慈　著
民俗与迷信	江绍原　著　陈泳超　整理

政治的学问	钱端升　著　钱元强　编
从古典经济学派到马克思	陈岱孙　著
乡土中国	费孝通　著
社会调查自白	费孝通　著
怎样做好律师	张思之　著　孙国栋　编
中西之交	陈乐民　著
律师与法治	江　平　著　孙国栋　编
中华法文化史镜鉴	张晋藩　著
新闻艺术（增订本）	徐铸成　著
经济学常识	吴敬琏　著　马国川　编

中国化学史稿	张子高　编著
中国机械工程发明史	刘仙洲　著
天道与人文	竺可桢　著　施爱东　编
中国医学史略	范行准　著
优选法与统筹法平话	华罗庚　著
数学知识竞赛五讲	华罗庚　著
中国历史上的科学发明（插图本）	钱伟长　著

出版说明

“大家小书”多是一代大家的经典著作，在还属于手抄的著述年代里，每个字都是经过作者精琢细磨之后所拣选的。为尊重作者写作习惯和遣词风格、尊重语言文字自身发展流变的规律，为读者提供一个可靠的版本，“大家小书”对于已经经典化的作品不进行现代汉语的规范化处理。

提请读者特别注意。

北京出版社